AUGUSTINUS VAN HIPPO

Briefwisseling met de manicheeër Secundinus

AUGUSTINUS VAN HIPPO

Briefwisseling met de manicheeër Secundinus

Antwoord aan Secundinus
voorafgegaan door de
Brief van Secundinus aan Augustinus

uit het Latijn vertaald, ingeleid
en van commentaar voorzien door
Marleen Verschoren

PEETERS
LEUVEN – PARIS – BRISTOL, CT
2017

Afbeelding cover: Sint-Augustinus, medaillon van het rugkruis van een kazuifel, goudbrokaat en zijdedamast geschilderd en geborduurd medaillon, Zwartzusters van Lier, laat 19de - vroeg 20ste eeuw (collectie van pater Fred Verstappen osa)

A catalogue record for this book is available from the Library of Congress.

D/2017/0602/3
ISBN 978-90-429-3378-1

Inhoud

Inleiding

In andermans brieven snuffelen: het prikkelt de nieuwsgierigheid, maar het is niet erg beleefd – tenzij de brief natuurlijk een 'open brief' is, een soort lezersbrief in de krant. Zo ongeveer is het gesteld met de briefwisseling tussen Secundinus en Augustinus (354-430), maar dan 1600 jaar geleden.[1] Dat beide brieven de eeuwen trotseerden, mag een bewijs heten van hun relevantie. De correspondentie behandelt onder andere vragen als waar het kwaad vandaan komt, wat het belang is van het Oude Testament en hoe de Vader en de Zoon zich tot elkaar verhouden. Augustinus, de grootste kerkvader van het Latijnse Westen, benadert zijn onderwerp steeds vanuit een geloof dat zoekt te verstaan. Hij gaat als het ware filosofisch en theologisch op stap met zijn tochtgenoot, de lezer. Beide correspondenten leveren zowel onderhuids als openlijk kritiek op elkaar. Dat bezorgt de lezer telkens een ogenblik van amusement en een moment van reflectie.

Secundinus en Augustinus kenden elkaar misschien niet persoonlijk, maar uit hun briefwisseling blijkt dat ze in ieder geval op

[1] Reeds tijdens zijn leven werden Augustinus' geschriften verspreid. Dit gold niet alleen voor zijn grote werken (*libri*) of zijn preken (*sermones*). Zijn brieven (*epistulae*), zeker wanneer het theologische onderwerpen betrof, waren eveneens toegankelijk voor het publiek. Soms moedigde Augustinus zijn ontvangers zelfs aan om de brief aan anderen voor te lezen en om hem te kopiëren (bv. Augustinus, *Brief* 55,39). Af en toe liep het wel eens fout: door een indiscretie van de koerier raakte een brief van Augustinus aan Hiëronymus reeds in Italië bekend nog vooraleer hij zijn bestemmeling bereikt had. Omdat de vertrouwelijkheid van brieven niet altijd gegarandeerd was, werden persoonlijke boodschappen vaak mondeling met de bode meegegeven. Augustinus' brief aan Secundinus heeft duidelijk een publiek karakter: Augustinus beschouwt deze brief als een compacte uiteenzetting van zijn antimanicheïsche leer en schrijft dat deze brief ook wel tot zijn werken gerekend wordt (cf. Augustinus, *Nalezingen* 2,10,37). Cf. C. Weidmann, 'Augustine's Works in Circulation', in: M. Vessey (ed.), *A Companion to Augustine*, Blackwell Companions to the Ancient World (Malder MA / Oxford / Chichester: Wiley-Blackwell, 2012), p. 431-449.

de hoogte waren van elkaars culturele en intellectuele achtergrond.[2] Secundinus, naar alle waarschijnlijkheid afkomstig uit het Italische schiereiland, mogelijk zelfs uit Rome, was een lid van het manicheïsme, een christelijke gnostische sekte.[3] Hoewel hij binnen de sekte geen hoge positie bekleedde,[4] voelde deze man toch de noodzaak om Augustinus, die het intussen tot bisschop van Hippo in Noord-Afrika geschopt had, een brief te schrijven met de zogenaamde bedoeling de katholieke voorman voor het manicheïsme terug te winnen. In zijn brief verdedigt Secundinus het manicheïsche geloof en lanceert hij een aanval op het katholieke geloof. Misschien wilde hij (opnieuw) een discussie uitlokken over de essentiële verschilpunten tussen het manicheïsme en het katholicisme. Gezien de ironische tot sarcastische toon van de brief is het waarschijnlijk dat Secundinus zijn correspondent in diskrediet wilde brengen door zijn manicheïsche verleden te benadrukken.[5] In zijn zoektocht naar het ware geloof was Augustinus inderdaad negen jaar lang aanhanger geweest van het manicheïsme, waarvan hij intussen evenwel meermaals expliciet afstand genomen had. Secundinus' brief, een primaire bron van het Latijnse manicheïsme,[6] is hoogst interessant omdat hij ons inzicht geeft in Augustinus' manicheïsche verleden: de brief geeft ons tot op zekere hoogte

[2] G. Sfameni Gasparro (2000), p. 505.

[3] Voor het manicheïsme, zie infra p. 3-9; voor de figuur van Secundinus, zie infra, p. 10-11.

[4] Augustinus (cf. *Nalezingen* 2,10,37) zegt dat hij een toehoorder (*auditor*) is. Bij de manicheeërs werden hogere posities ingenomen door de uitverkorenen (*electi*).

[5] G. Sfameni Gasparro (2001), p. 231. – In de laatklassieke handboeken van Ps.-Demetrius en Ps.-Libanius over het schrijven van brieven staat de 'ironische brief' vermeld: dit was doorgaans een verwijtende brief in de vorm van spottende lofprijzingen. C. Poster, 'A Conversion Halved: Epistolary Theory in Greco-Roman Antiquity', in: C. Poster en L.C. Mitchell (eds.), *Letter-writing Manuals and Instruction from Antiquity to the Present* (Columbia SC: University of South Carolina, 2007), p. 21-51; S. K. Stowers, *Letter Writing in Greco-Roman Antiquity* (Library of Early Christianity) (Philadelphia PA: The Westminster Press, 1989), p. 86.

[6] Na de *capita* van Faustus is de Brief van Secundinus het langste manicheïsche geschrift in het Latijnse westen. J. van Oort (2001), p. 161.

inzage in de leerstellingen die Augustinus vroeger aanhing. Tegen 405 had Augustinus al een omvangrijk antimanicheïsch corpus bij elkaar geschreven, waarvan Secundinus naar alle waarschijnlijkheid een aantal werken kende.[7] Hij kende allicht het dispuut *Tegen Faustus* (397/399) en (antimanicheïsche passages uit) de *Belijdenissen* (397/401).[8] Het *Antwoord aan Secundinus* neemt een bijzondere plaats in onder de antimanicheïsche werken: Augustinus schrijft in zijn *Nalezingen* dat hij dit werkje moeiteloos verkiest boven alle andere werken die hij tegen de manicheïsche ketterij geschreven heeft.[9] Wellicht bedoelt Augustinus dat zijn antwoord aan Secundinus een soort compendium is van zijn antimanicheïsche leer.

Mani en de verspreiding van het manicheïsme

Het manicheïsme is een religie die gesticht werd door Mani (216 - 274/277), afkomstig uit Mesopotamië, het huidige Irak, dat toen behoorde tot het Perzische Rijk. Mani's vader had in een tempel een goddelijke stem gehoord die hem opriep om ascetisch te gaan

[7] Augustinus' antwoord aan Secundinus kan omstreeks 405 gedateerd worden (zie infra p. 19-21). Augustinus begon in 387 aan *Over de zeden van de katholieke kerk en over de zeden van de manicheeërs*. Hij schreef *Over Genesis tegen de manicheeërs* (399/389). Een twee dagen durend dispuut met de manicheeër Fortunatus vond zijn neerslag in *Antwoord aan Fortunatus* (392); hij schreef *Tegen Adimantus* (394); hij had een discussie gevoerd met Faustus, die opgetekend staat in *Tegen Faustus* (397/399); hij had een *Antwoord* geschreven *op Mani's Brief 'Het fundament'* (397) en hij had *Tegen Felix* (404) geschreven. Verder zijn er nog tal van werken met een antimanicheïsch karakter, maar waarbij de manicheeërs niet bij naam genoemd worden in de titel. De hier gegeven data, met uitzondering van *Antwoord aan Secundinus*, zijn afkomstig uit: A.D. Fitzgerald (1999), p. xliii-il; J.K. Coyle, 'Anti-manichean works', in: A.D. Fitzgerald (1999), p. 39-41.

[8] M. Kudella (2010), p. 196-205; A. Hoffmann (2011), p. 517: meent dat Secundinus hoogst waarschijnlijk Augustinus' antimanicheïsche werken gekend heeft, in het bijzonder *Over de gewoonten van de manicheeërs*, vermoedelijk ook *Over de ware godsdienst* en *Tegen Fortunatus*.

[9] Augustinus, *Nalezingen*, 2,10,37.

leven. Daarom had hij zich aangesloten bij de Elkesaïeten, een joods-christelijke sekte die missionair actief was in het Perzische rijk en daarbuiten. Via deze groep kwam Mani in contact met joodse, christelijke en gnostische opvattingen. Elementen hiervan integreerde hij in het religieuze systeem dat hij zelf zou uitbouwen. Mani zelf geloofde dat hij tweemaal een visioen had gekregen, namelijk op twaalfjarige en op vierentwintigjarige leeftijd. Hij beschouwde zichzelf als het 'zegel van de profeten'. Vroegere openbaringen van God, namelijk die van Boeddha, van Zarathustra en van Jezus, waren weliswaar echt, maar niet volledig. Mani was de laatste en universele apostel van God: het was zijn taak om de volle openbaring van de waarheid te brengen aan de wereld.[10] Hij verspreidde zijn leer via zijn eigen geschriften. Soms beschouwde Mani zichzelf als de vervulling van de belofte die Jezus deed in de afscheidsredes uit het Johannes-evangelie: Jezus zou aan de Vader vragen om een 'helper' (of parakleet) te sturen: de geest van de waarheid.[11]

Mani trok actief rond in het Perzische rijk om aan missionering te doen. Het is niet uitgesloten dat hij zelfs naar India reisde om mensen te bekeren. De toenmalige koning van Perzië, Shapur I, steunde Mani en zijn goddelijke missie. De nieuwe openbaring kon zich gedurende meer dan dertig jaar rustig verspreiden. Maar nadien ondervond Mani tegenstand: op bevel van Bahram I, een latere Perzische koning, werd hij ter dood gebracht. De koning was namelijk boos omdat Mani beweerde door God verlicht te zijn. Zendelingen hebben Mani's werk evenwel enthousiast verdergezet.

[10] I. Gardner en S.N.C. Lieu (2004), p. 3-4 en p. 18.

[11] Het gaat hier over de *parakleet* uit het Johannes-evangelie: cf. Joh 14,16.26; 15,26;16,7. Dit Griekse woord betekent oorspronkelijk 'aan iemands zijde gevraagd'. Het kan vertaald worden als 'pleitbezorger', 'trooster' of 'helper'. De vroege kerk identificeerde de *parakleet* met de Heilige Geest. Tegenstanders van Mani concludeerden dat hij zich uitgaf voor de derde persoon van de Drievuldigheid. Mani zelf bedoelde het niet zo: hij gebruikte trinitarische formules zonder daarbij naar zichzelf te willen verwijzen. Over Mani's leven, cf. J.K. Coyle, 'Mani, Manicheism', in: A.D. Fitzgerald (1999), p. 520-521; I. Gardner en S.N.C. Lieu (2004), p. 3-8 en p. 18 (parakleet).

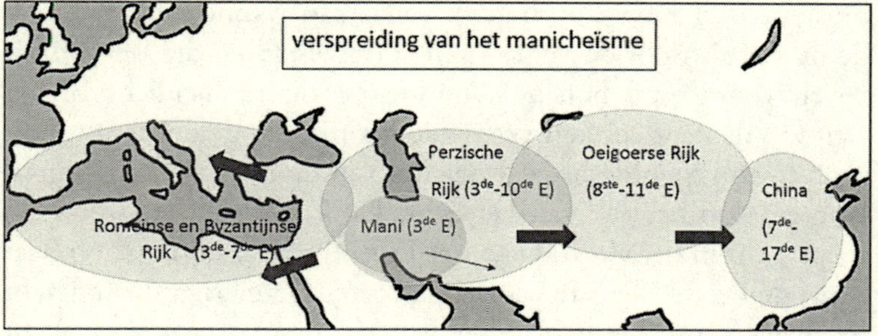

In het Westen raakte de religie vrij snel bekend in Egypte, in het oostelijke Middellandse Zeegebied (de Levant, Klein-Azië en Griekenland), maar ook in Italië (Rome, Milaan...) en in de Noord-Afrikaanse kuststreek (Carthago). Oostwaarts verspreidde het Manicheïsme zich langs de handelsroutes naar Centraal-Azië en China. Het manicheïsme bleef er bestaan tot in de zeventiende eeuw. De basiskenmerken van het manicheïsme waren eensluidend van het Romeinse Noord-Afrika tot het middeleeuwse China. Binnen het Romeinse Rijk verspreidde zich evenwel een joods-christelijke versie van deze religie. De mate waarin de manicheeërs christelijke elementen in hun leer benadrukten, was recht evenredig met het succes dat het christendom boekte in een bepaalde regio.[12]

Het manicheïsme: leer en beleving

Waarom is er kwaad in deze wereld? Op deze vraag probeerde het manicheïsme een antwoord te formuleren door middel van een uitgewerkte kosmogonie. Dat is een manier om de huidige wereld te verklaren door er een oorsprong en een bestemming van aan te geven. De manicheeërs gingen uit van twee principes en drie tijdperken. Tijdens het eerste tijdperk bestaat het principe van het goede, dat verblijft in het rijk van het licht, naast en gescheiden van het principe van het kwade, dat zich ophoudt in het rijk van de

[12] I. Gardner en S.N.C. Lieu (2004), p. 3-8.

duisternis. Het tweede tijdperk vangt aan wanneer het rijk van de duisternis door de voortdurende opschudding die zich op dit terrein voordoet, in botsing komt met het rijk van het licht. Bij het zien van de lichtpartikels verlangde het rijk van de duisternis hiernaar en zo gebeurde het dat het rijk van de duisternis een aanval lanceerde op het rijk van het licht. De Vader van de Grootheid roept daarom de Moeder van het Leven tevoorschijn, die op haar beurt de Eerste Mens te voorschijn roept. Deze krijgt de opdracht om het rijk van het licht te verdedigen. Een portie van het licht wordt evenwel verscheurd door de machten van het kwaad en gevangen genomen. Licht en duisternis, goed en kwaad, raken met elkaar vermengd. Dit wordt aangeduid met de benaming 'het Kruis van het Licht', gepersonaliseerd als de 'lijdende Jezus', die wacht op redding.[13] Een tweede emanatie, bestaande uit de goden van de schepping, wordt te voorschijn geroepen. De taak van de goden van de schepping bestaat erin om de Eerste Mens te redden. Hierin slagen zij, maar sommige lichtpartikels blijven vermengd met de duisternis. Uit deze vermenging van licht en duisternis is de zichtbare wereld samengesteld. De materiële schepping was er niet uit liefde gekomen, maar het was een noodzakelijke tussenstap om het licht weer uit de klauwen van de duistere macht te halen. Bij hun terugkeer naar de Vader vragen de goden van de schepping om de Derde Boodschapper te voorschijn te roepen. Hij verblijft in het schip van de zon, terwijl de Maagd van het Licht, zijn vrouwelijke tegenhanger, haar troon heeft op het schip van de maan. Dit zijn de goden van de redding of de goden van de opgang. Het licht dat vrijkomt door de tussenkomst van deze goden, wordt via de zon en de maan, die functioneren als lichtschepen, naar het rijk van het licht gezonden. Het principe van het kwaad stelt deze ontwikkelingen vast en doorziet de bedoeling ervan. Het neemt wraak door een rivaal te creëren van de Eerste Mens. Door de paring van een mannelijke en een vrouwelijke demon ontstaat Adam, de eerste aardse mens. Eva ontstond zodra de demonen opnieuw gemeen-

[13] De 'lijdende Jezus' is het licht dat vastzit in de materiële wereld.

schap hadden. Adam en Eva zijn dus geen schepsels van God. Ze waren gemaakt om zoveel mogelijk licht in de zichtbare wereld gevangen te houden, voornamelijk door nakomelingen te verwekken. Om een nieuwe aanval van het kwaad tegen te gaan werd Jezus de Schitterende gezonden vanuit het rijk van het licht met de bedoeling om goddelijke kennis (*gnosis*) te openbaren aan Adam en Eva.[14] De openbaring door Jezus de Schitterende was het voorbeeld voor alle toekomstige menselijke verlossing.[15] Meer en meer lichtpartikeltjes zouden verlost worden uit de materie. Bij het begin van het derde tijdperk zou er een groot vuur uitbreken om dit proces te voltooien. Het universum zou dan verdwijnen. Het tijdperk van de overwinning komt echter niet zomaar neer op de restauratie van de eerste tijd. Het kwaad wordt immers overwonnen doordat het verzegeld en begraven wordt – het wordt niet vernietigd. Tegenstanders van het manicheïsme zeggen dat deze situatie een eeuwig verminderde toestand van het goede impliceert.[16]

Het manicheïsme stelde radicale eisen aan zijn volgelingen. Dit had alles te maken met de manier waarop Mani de geschiedenis en het menselijke bestaan zag. Het uiteindelijke doel bestond er volgens hem in om de lichtpartikels uit de duisternis te bevrijden. Het Lichtkruis was het belangrijkste symbool van het goddelijke dat vastgebonden zat in de materie. De manicheeërs geloofden dat

[14] 'Jezus de Schitterende' is de personificatie van bevrijde lichtpartikels die in de Zon en de Maan aangekomen zijn. In een archetypisch verhaal wordt Adam benaderd door Jezus de Schitterende. Adam ligt er als dood bij na de schepping en is niet bij bewustzijn. Jezus de Schitterende wekt hem op tot reddende kennis. J.K.Coyle, 'Mani, Manicheism', in: A.D. Fitzgerald (1999), p. 522; I. Gardner en S.N.C. Lieu (2004), p. 17.

[15] Het manicheïsme kende aan meerdere entiteiten de naam Jezus toe. In *Tegen Faustus* 20,11 noemt Augustinus er drie. Er is de lijdende Jezus; de Schitterende Jezus; en Jezus de Zoon van God. Van deze laatste beschouwde Mani zich een apostel. De historische Jezus had evenwel een schijnlichaam en werd niet echt aan het kruis genageld. J.K. Coyle, 'Mani, Manicheism', in: A.D. Fitzgerald (1999), p. 522; I. Gardner en S.N.C. Lieu (2004), p. 293.

[16] J.K. Coyle, 'Mani, Manicheism', in: A.D. Fitzgerald (1999), 522; I. Gardner en S.N.C. Lieu (2004), p. 8-21; J.K. Coyle (2007), p. 184.

de voortplanting er voor zorgde dat de ziel opnieuw gevangen kwam te zitten in de materie. Als een boer het land bewerkt, of wanneer een vakman zijn werktuigen gebruikt of een soldaat zijn wapens, dan berokkenen zij schade en pijn aan de goddelijke lichtziel.[17] De manicheeërs streefden ernaar om voedsel te consumeren met een zo hoog mogelijk 'lichtgehalte', zoals meloenen en komkommers. Wijn en vlees daarentegen werden gezien als gedomineerd door duistere elementen die de gelovige opnieuw zouden infecteren. Hoewel de manicheeërs geloofden dat de lichtelementen pijn ondervonden bij het proces van het eten, werkte het lichaam toch als een machine ter bevrijding van het goddelijke. Door daarenboven periodiek te vasten konden de uitverkorenen (*electi*) bovendien engelen 'uitademen' die ten hemel stegen. Het licht dat vastzit in de wereld, kon zo bevrijd worden.

Dit soort ethiek kon uiteraard slechts door een kleine groep mensen toegepast worden. En toch had Mani de uitdrukkelijke bedoeling om een wereldreligie te vestigen. Mani en zijn zendelingen konden toch een grote groep mensen bereiken, precies doordat de manicheïsche gemeenschap de facto een structuur kende 'met twee verdiepingen'. De uitverkorenen (*electi*) vormden de binnenste kern van de gemeenschap. Dit waren mannen en vrouwen die er een strenge ascese op na hielden. Daarnaast was er een grotere groep toehoorders (*auditores*) of catechumenen. Hoewel voortplanting niet aangemoedigd werd, tolereerde men dat de toehoorders huwden en een normaal dagelijks leven leidden.[18] Ze mochten geen overspel plegen, niet stelen, niet moorden. Hun belangrijkste

[17] I. Gardner en S.N.C. Lieu (2004),p. 21-25.

[18] Augustinus is zich bewust van deze 'dubbele moraal' bij de manicheeërs: hij haalt concreet aan dat de manicheeërs weliswaar de toehoorders, die nog 'onrein' zijn, toelaten om vlees te eten, terwijl ze van mening zijn dat het eten van vlees misdadig is voor wie al zuiver is (Augustinus, *Tegen Adimantus* 15,2). Op verschillende plaatsen verwijt Augustinus de manicheeërs met 1 Tim 4:3 dat ze 'het huwelijk verbieden' (*Tegen Faustus* 30,6; *Tegen Felix* 1,7,12; *Antwoord aan Secundinus* 2 en 22). Augustinus weet dat de manicheeërs vooral met het concept van de procreatie moeite hebben: volgens hun leer raken lichtdeeltjes bij de voortplanting immers opnieuw in het vlees gevangen. Ook hier speelt de 'dubbele moraal': wanneer de manicheeërs

religieuze plicht bestond erin om voedsel te verzamelen en dat aan de uitverkorenen aan te bieden. De dagelijkse maaltijd van de uitverkorenen was een ritueel. Zij deden 'ziel-dienst'. Hun verdiensten waren ook van nut voor de toehoorders die konden hopen op een vooruitgang in perfectie in een toekomstig leven. Er bestond dus een symbiotische relatie tussen de asceten en de gelovige leken: de asceten hadden de steun nodig van de leken bij het vervullen van hun goddelijk werk, terwijl de leken voor hun toekomstverwachting afhankelijk waren van het werk van de asceten.[19]

Het belangrijkste festival was de herdenking van Mani's martelaarschap. Dan werd er een 'zetel van het oordeel' (*bema*) in het midden van de congregatie gezet. Daarop stond een portret van Mani. Men vierde zo de voortdurende aanwezigheid van de stichter in de gemeenschap van de uitverkorenen (*electi*). Dit symboliseerde ook zijn positie als gevolmachtigde van Jezus tot diens terugkeer als Rechter aan het einde der tijden.[20]

Het manicheïsme lokte diverse reacties uit. Er kwam reactie van de keizerlijke autoriteit, te beginnen met Diocletianus (284-305). Wellicht hield dit ook verband met het feit dat het manicheïsme ontstaan was in Perzië, de aartsvijand van Rome.[21] De negatieve houding van de manicheeërs ten aanzien van materie en seksualiteit lokte reacties op van diverse laatantieke auteurs. De christelijke polemiek focuste zich zowel op de zeden en gewoonten als op de leerstellingen van de manicheeërs. De manicheïsche voedselrituelen waren een evident punt van kritiek. Verder werden de manicheeërs ervan beschuldigd de zon en de maan te vereren. Uit de briefwisseling van Secundinus en Augustinus komen we meer te weten over de twistpunten tussen de manicheeërs en de *catholica*.

beweren dat ze tegen het huwelijk zijn, dan tolereren ze toch heel wat toehoorders die hen op dit punt niet volgen of willen volgen. (Augustinus, *Tegen Faustus* 30,6).

19 I. Gardner en S.N.C. Lieu (2004), p. 21-25; J.K. Coyle (2007), p. 183-184.

20 I. Gardner en S. N.C. Lieu (2004), p. 25 en p. 238.

21 J.K. Coyle, 'Mani, Manicheism', in: A.D. Fitzgerald (1999), p. 521.

Brief van Secundinus: inleiding en samenvatting

De brief van Secundinus aan Augustinus is ons overgeleverd omdat hij bewaard bleef bij Augustinus' geschriften. Secundinus neemt het initiatief om 'als een vriend' aan Augustinus te schrijven. De zogeheten 'vriendschappelijke' stijl was in de oudheid diep ingeburgerd: ook wie elkaar niet kende, en geen vriend was in de strikte zin van het woord, kon op een 'vriendschappelijke' wijze een brief schrijven, omdat men bijvoorbeeld en gelijkaardige opleiding genoten had. Ook binnen deze 'horizontale' verhouding kon men vervolgens een verwijtende toon aanslaan: bijvoorbeeld omdat de wederkerigheid van de vermeende vriendschap niet was nagekomen.[22] Augustinus omschrijft zijn correspondent als *quidam Secundinus*, een zekere Secundinus, die hij verder niet kende, al is het niet uitgesloten dat de naam bij hem wel een belletje deed rinkelen.[23] Wellicht wil Augustinus door deze formulering wat afstand nemen van deze figuur. Uit Augustinus' *Nalezingen* weten we dat Secundinus een toehoorder was.[24] Hoe Augustinus aan die informatie gekomen is, valt niet meer te achterhalen. Dat Secundinus wellicht uit Rome afkomstig is, weten we door de zelfaanduiding *quale Romanus*,[25] een omschrijving die hier wellicht eerder duidt op een inwoner van Rome dan op een Romeins burgerschap.[26] Secundinus kent bijvoorbeeld het huis van de Anicii in Rome.[27]

[22] Cf. S. K. Stowers, *Letter Writing in Greco-Roman Antiquity*, Library of Early Christianity (Philadelphia PA: Westminster Press, 1989), p. 27-31 en p. 86. Het is Augustinus zelf die in zijn *Nalezingen* 2,10,37 vermeldt dat Secundinus 'als een vriend' schrijft. In zijn brief stelt Secundinus zich minstens naar uiterlijke vorm welwillend op, maar toch drijft hij op een aantal plaatste de spot met Augustinus. Bovendien heeft Augustinus de manicheeërs verlaten, terwijl die groep hem niets misdaan heeft (Cf. Secundinus, *Brief*, 5) . Dit is vanuit het standpunt van de manicheeër een gebrek aan wederkerigheid.

[23] Augustinus, *Nalezingen*, 2,10,37.

[24] Augustinus, *Nalezingen*, 2,10,37.

[25] Secundinus, *Brief*, 3.

[26] G. Sfameni Gasparro (2000), p. 505.

[27] Over Secundinus is geen andere informatie overgeleverd dan de briefwisseling tussen Secundinus en Augustinus. Cf. C. Pietri en L. Pietri (eds.), *Prosopo-*

Tijdens Augustinus' eerste verblijf in Rome, tijdens de periode 383-384, vertoefde hij nog in manicheïsche kringen. Een manicheïsche vriend had hem toen onderdak verleend.[28] Wanneer Augustinus zegt dat hij Secundinus zelfs niet van ziens kende, bedoelt hij dan misschien dat hij hem niet meer voor de geest kan halen tussen de tal van manicheïsche toehoorders in Rome? Secundinus vraagt Augustinus om terug te keren naar de manischeïsche gemeenschap, naar 'onze kudde' (*grex noster*).[29] Mogelijk doelt Secundinus met deze uitdrukking op de manicheïsche groep die actief was in Rome. Augustinus lijkt zijn correspondent in ieder geval in het Italische schiereiland te situeren aangezien hij Secundinus verwijst naar de bibliotheek van Paulinus van Nola om daar een kopie te ontvangen van *Over de vrije wilskeuze*. Nola ligt bij Napels, ongeveer 240 kilometer zuidwaarts van Rome.[30]

Secundinus' brief begint met een dankzegging aan de triniteit die het voor hem mogelijk maakt om Augustinus te begroeten. Hiermee stelt Secundinus zich in de lijn van het taalgebruik van Mani's *Brief 'Het fundament'*. Dit boek was zeer gekend in manicheïsche kringen.[31] Uit het geheel van Secundinus' brief blijkt dat hij als toehoorder toch goed op de hoogte was van het essentiële van het manicheïsme. Hij heeft in ieder geval kennis van de manicheïsche kosmologie, de rol van Mani in het eindoordeel en het feit dat Mani claimt de parakleet te zijn.[32] Wanneer Augustinus in zijn antwoord aan Secundinus refereert aan de Brief van Mani geeft hij niet de indruk nieuwe zaken te communiceren.

graphie chrétienne du Bas-empire: 2 Prosopographie de l'Italie chrétienne (313-604) (Rome: École Française de Rome, 1999-2000), vol. 2, p. 2008-2009. Voor de figuur Secundinus, zie: M. Kudella (2010), p. 190-191; Zij betoogt eveneens dat de manier waarop Secundinus het jodendom als barbaars aanduidt (Cf. Secundinus, *Brief*, 3), getuigt van een typische Romeinse manier van spreken.

[28] Cf. Augustinus, *Belijdenissen*, 5,18.

[29] Cf. Secudinus, *Brief*, 5.

[30] Cf. M. Kudella (2010), p. 190-192.

[31] Augustinus, *Antwoord op Mani's Brief 'Het fundament'*, 5,8 en 25,28; Cf. M. Kudella (2010), p. 191.

[32] Over de parakleet, zie p. 4, noot 11.

In zijn brief drukt Secundinus zijn bezorgdheid uit: het kwade vormt een reële bedreiging voor het vinden en behoud van de waarheid. Daarom hoopt hij bij het begin van zijn brief dat de Drievuldigheid voor Augustinus voeder zou zijn van de manicheïsche waarheid. Om het gevaar van het kwaad en de hoop op de goede afloop te illustreren evoceert Secundinus Bijbelse beelden (het thema van de dief, de smalle weg....) die ontleend zijn aan het Mattheüsevangelie, dat ook bij Adimantus (een van de andere manicheeërs met wie Augustinus gediscussieerd had) prominent aanwezig was. De passage over de eindtijd, aan het einde van Mattheüs 25, was zeer bekend bij de manicheeërs.

Secundinus gebruikt en interpreteert zijn Bijbelse bronnen op een typisch manicheïsche manier. Een voorbeeld: in plaats van het vuur dat voor de duivel 'bestemd' is, spreekt Secundinus over het vuur als de oorsprong van de duivel. Hij geeft dus aan Mattheüs 25,41 een manicheïsch perspectief door aan de duivel een eigen oorsprong toe te kennen (§ 2). Typisch voor Secundinus' hermeneutiek zijn de uitleggende bijvoeglijke bepalingen (*genitivi explicativi*) die in het Nederlands met 'van' vertaald zijn: de rechterhand van de waarheid (*dextra veritatis*) (§ 1), op de kandelaar van je hart (*in cordis tui candelabro*) (§ 1); op het zand van de dwaling (*super erroris arenam*) (§ 1); op de rots van de kennis (*super scientiae lapidem*) (§ 1), de lans van de dwaling (*erroris lancea*) (§ 3).[33] In het geheel van zijn brief maakt Secundinus dankbaar gebruik van gelijkenissen, redevoeringen over de eindtijd en de passieverhalen. Een manicheeër in een gechristianiseerd gebied kon het Nieuwe Testament dus in de manicheïsche leer inschuiven.

De Bijbelse evocatie in de eerste paragraaf culmineert in een citaat van Efeziërs 6,12, waar Paulus, die een geprivilegieerde positie inneemt bij de Manicheeërs, spreekt over de 'heersers van het kwaad' die zich in de hemelsferen bevinden en waarmee hij de strijd is aangegaan. Secundinus had kort voordien het kwaad voorgesteld als een 'angstaanjagende geest' en kon zo gemakkelijk de

[33] Cf. J. van Oort (2001), p. 173.

overstap maken naar het citaat bij Paulus. Mani legt getuigenissen af in de lijn van Paulus, zegt Secundinus. Uit Secundinus' brief blijkt dat hij als manicheeër kennis had van het *corpus Paulinum*: de brief aan de Efeziërs, de brief aan de Romeinen, 1 Timotheüs en Filippenzen worden in zijn brief geciteerd. De manicheeërs lazen Paulus door een dualistische bril, zoals duidelijk blijkt uit de aanhalingen in de eerste paragraaf.

Aansluitend op het citaat van Efeziërs 6,12 zet Secundinus uiteen hoe de ziel dramatisch tussen de twee strijdende entiteiten is geplaatst: tussen de 'geest van de deugd' en de 'geest van de ondeugden'. Wanneer de ziel instemt met de geest van de deugd, wint ze het eeuwig leven en de toegang tot het rijk waartoe de Heer uitnodigt. Hoewel de ziel een goddelijke substantie heeft, kan ze meegesleurd worden door de geest van de ondeugden: 'ze wordt naar het kwaad geleid door een vermenging met het vlees, niet door haar eigen wil'. De macht van de duisternis draagt dus de grootste verantwoordelijkheid. Het ontologische niveau heeft een bepalend gewicht, maar wordt lichtjes aangevuld met een ethisch niveau: Secundinus spreekt over 'instemming'. Het woord 'zonde' laat de briefschrijver op deze plaats bewust of onbewust niet vallen, maar de ziel kan wel berouw tonen en vindt dan een bron van lankmoedigheid voor haar bezoedelingen. Het beslissende moment bestaat uit *gnosis*, kennis, hier in de vorm van een bewustzijn van zichzelf. De ziel wordt zich bewust van haar superieure natuur. Fouten gaan dan terug op de eigen wil. Secundinus spreekt in dit geval wel van 'zonden'. Ook nu kan de ziel berouw tonen. Secundinus laat wel opnieuw doorschemeren dat het falen uiteindelijk op de macht van het kwade terug te voeren is. De ziel wordt immers niet gestraft omdat ze gezondigd heeft, maar omdat ze de zonde niet betreurt. Weigert ze bewust de zonde te betreuren – zoals dat volgens Secundinus bij Augustinus het geval is – dan gaat ze de verdoemenis tegemoet.[34]

[34] Cf. A. Hoffman (2011), p. 488-490; Cf. aantekeningen bij Secundinus, *Brief*, 2 (p. 29, noot 12).

In de eerste twee paragrafen grenst Secundinus de manicheïsche visie op het kwaad scherp af tegen Augustinus' opvattingen. Augustinus zou nu eens beweren dat de duivel een gevallen aartsengel is, dan weer dat hij 'niets' is.[35] Secundinus is van mening dat Augustinus de realiteit van het kwaad zou moeten erkennen: 'O hoeveel afbreuk doet men aan de macht van de overwinnaar, als men zegt dat de tegenstander van geen waarde is!'

Secundinus meldt in zijn brief dat hij enkele geschriften van Augustinus' hand heeft gelezen.[36] Mirjam Kudella, een Duitse classica die onderzoek deed naar de briefwisseling tussen Augustinus en Secundinus, vermoedt sterk dat Secundinus (minstens bepaalde hoofdstukken uit) Augustinus' *Tegen Faustus* gelezen heeft.[37] Bovendien toont zij aan dat Secundinus bekend was met de *Belijdenissen*, in het bijzonder de antimanicheïsche passages[38] en dat hij op de hoogte was van bepaalde sleutelmomenten uit Augustinus' leven: zo wist hij bijvoorbeeld dat Cicero's *Hortensius* een rol speelde in Augustinus' bekeringsproces.[39] Dat Secundinus de sceptische academie in zijn brief vermeldt,[40] zou erop kunnen wijzen dat hij weet had van de sceptische fase die volgde op Augustinus' intellectuele bekering.[41] Omdat Secundinus de zwakke plekken van de kerkvader kent, kan hij ook aanvallen lanceren op persoonlijk vlak. Zo zou Augustinus het manicheïsme verlaten hebben uit angst (§ 2). Wat verder in de brief luidt het dat Augustinus de menselijke roem moet laten varen, het brede pad moet verlaten en zich moet haasten naar de smalle weg om het eeuwig leven te bereiken (§ 5). Secundinus zegt in bewondering te staan

[35] Augustinus zal zich geleidelijk aan correcter uitdrukken: het kwaad is 'zijnsvermindering'.

[36] Secundinus, *Brief*, 3.

[37] M. Kudella (2010), p. 197-202.

[38] Bijvoorbeeld: Augustinus, *Belijdenissen*, 3,6,10.

[39] Cf. aantekening bij Secundinus, *Brief*, 3 (p. 31, noot 20); M. Kudella (2010), p. 206-211 en 230, noot 35.

[40] Secundinus, *Brief*, 3.

[41] Cf. aantekening bij Secundinus, *Brief*, 3 (p. 34, noot 33); M. Kudella (2010), p. 206-211 en 230, noot 35.

voor Augustinus' redenaarstalent, maar meent dat de kerkvader dit redenaarstalent niet ten dienste van de waarheid aanwendt: nu is hij 'de lans van de dwaling waarmee de zijde van de Redder wordt doorboord'. Secundinus roept Augustinus op om niet in te gaan tegen zijn natuur en de controverse te stoppen. Eens met het manicheïsme kennisgemaakt, toont Augustinus zich een aanklager. Hij zal van zijn kant op het ogenblik dat hij voor het goddelijke tribunaal moet verschijnen door Mani in de steek worden gelaten. Secundinus bekritiseert Augustinus omdat deze laatste zich inlaat met de fabeltjes va het Oude Testament. De manicheeër wijst erop dat Augustinus het immorele gedrag van de aartsvaders altijd heeft gehaat en dat hij een voorliefde had voor verheven dingen. Wie heeft Augustinus plotseling veranderd (§ 3)?

In de vierde paragraaf gaat Secundinus in op de rol van de duivel in het passieverhaal: de verloochening van Petrus, het ongeloof van Thomas, de kruisiging van Christus tegenover de vrijlating van Barabbas. Volgens Secundinus kan enkel een spirituele Redder verlossend werk leveren. De satanische macht gaat zelfs zo ver dat ze de katholieke leer vervalst en het gedrag van de leden verwijderd is van de waarheid (§ 4). Secundinus levert hier dus kritiek op de katholieke kerk als geheel.

Na enkele persoonlijke aanvallen (§ 5) neemt Secundinus in de zesde paragraaf de leerstellige draad opnieuw op. Er zijn geloofspunten die het menselijk begrip te boven gaan en die enkel door middel van beelden kunnen worden uitgelegd. Secundinus probeert dan een uitleg te geven over de begintijd, de middentijd en de eindtijd. Wanneer Secundinus beschrijft dat het goede en het kwade onderling strijd leveren, hamert hij erop dat God absoluut rechtvaardig is: Hij zondigt niet en stemt niet in met de zondaar (§ 6).

Secundinus sluit af met een *captatio benevolentiae*: een uitdrukking van lof, maar niet zonder sarcasme. Secundinus heeft in het kort de belangrijkste relevante thema's aangeraakt en hoopt dat de bisschop hem vergeeft als hij hem gekwetst heeft (§ 7).

Het Antwoord van Augustinus: inleiding en samenvatting

In de *Nalezingen* schrijft Augustinus dat hij nooit zo goed tegen Mani geschreven heeft als in zijn *Antwoord aan Secundinus*. Hoewel dit geschrift de vorm heeft van een brief, is het in feite een theologisch traktaat. In vergelijking met eerdere geschriften tegen de manicheeërs is dit een klein werkje, maar wel een werk waarin Augustinus op een compacte manier de belangrijkste antimanicheïsche doctrines op een rijtje zet.

Augustinus, die ongetwijfeld de ironische toon van Secundinus' brief heeft opgemerkt, onderlijnt toch alleen de vriendelijke bedoelingen van zijn correspondent. Hij geeft aan waarom hij zich bekeerd heeft en maakt dan snel een doorsteek naar de leerstellige thema's die hij wil behandelen. Hij stelt zich tot doel om de dwaling van Mani aan te tonen op grond van de gegevens uit de brief die hij van Secundinus ontvangen heeft (§ 1-2). Daarnaast doet Augustinus eveneens een beroep op Mani's *Brief 'Het fundament'*. Hij citeert deze brief vijf keer letterlijk.[42]

Augustinus neemt de uitspraak van Secundinus op dat Jezus Christus de 'eerstgeborene en de koning van alle lichten is'. Daarbij gaat hij ervan uit dat een koning heerst over ondergeschikten. Vermits de lichten bij de manicheeërs emanaties zijn uit dezelfde natuur van de Vader doet er zich in het manicheïsche systeem een interne contradictie voor, zo redeneert Augustinus. Van zijn kant stelt hij dat Jezus Christus inderdaad de koning is van de lichten, maar de lichten zijn geschapen en verschillen van God (§ 3). De schepping gebeurt uit het niets (§ 4 en § 7). Vervolgens neemt Augustinus de term 'eerstgeborene' op. Secundinus mag er niet van uit gaan dat Christus de eerstgeborene is in termen van zijn goddelijke natuur, alsof er nog andere emanaties na hem gekomen zouden zijn. Volgens het katholieke geloof is Christus eerstgeboren in termen van zijn menselijke natuur – hij is de eerstgeborene onder vele broers en zussen die kinderen van God zijn, maar deze broers

[42] In § 3, § 12 en § 25 (drie citaten).

en zussen zijn dit door genadevolle adoptie – en eniggeboren in termen van zijn goddelijke natuur (§ 5-6). Indien Secundinus een onderscheid zou maken tussen Schepper en schepsel zou hij ophouden een manicheeër te zijn (§ 7).

Een ander thema gaat over de aard van de ziel en de oorsprong van het kwaad. Volgens Augustinus heeft Secundinus in zijn brief geïmpliceerd dat de ziel veranderlijk is: de ziel zou namelijk kunnen instemmen met de geest van de ondeugden en nadien berouw tonen (§ 8). Mocht de manicheeër toch het principe van een onveranderlijke ziel willen blijven hanteren, dan kloppen zijn uitspraken niet. Het concept van een onveranderlijke ziel zou immers betekenen dat de ziel niet door de vermenging van het vlees aangetast kan worden, terwijl Secundinus blijkbaar toegeeft dat dit wel het geval is (§ 9). De katholieke visie gaat ervan uit dat de Schepper onveranderlijk is en de schepping veranderlijk. Er is geen dualistische visie, maar een trapsgewijze ontologie: alles is goed geschapen, al zijn er gradaties in het zijn. De prinsen en machten uit Efeziërs 6,12 ('onze strijd is niet gericht tegen vlees en bloed maar tegen prinsen en machten') zijn niet afkomstig uit een kwade substantie die God niet voorbracht of maakte, maar zij werden goed gecreëerd, zondigden en proberen nu anderen te benadelen. De duivel is een gevallen engel die zijnsverlies heeft ondergaan. Zich houdend aan zijn belofte om de vergissing van de manicheeërs te weerleggen op basis van Secundinus' brief, concentreert Augustinus zich nu op een andere uitspraak van Secundinus: als de ziel instemt met het kwaad, zondigt ze uit eigen wil (§ 12). Als zowel de ziel als het kwaad waarmee ze instemt substanties zijn, dan kan de instemming zelf voor de manicheeër geen substantie zijn, zo redeneert Augustinus, anders zouden er binnen dat systeem drie substanties zijn in plaats van twee. Augustinus bouwt vervolgens een redenering op om uit te sluiten dat de instemming van de ziel binnen het manicheïsche systeem kan samenvallen met het principe van het goede of met het principe van het kwade. (§ 13-14). De conclusie luidt dat er geen andere mogelijkheid is dan dat de instemming zich bevindt in de ziel (§ 15). Augustinus toont verder aan dat Secundinus zich vergist wanneer hij datgene waarmee de ziel instemt als kwaad zou aanduiden. Het is immers mogelijk een goede substantie op een verkeerde manier te beminnen (§ 16). De conclusie luidt dat het kwaad geen kwade natuur is, maar een zonde (§ 18): een keuze die zich verwijdert van wat bestaat op een hoger niveau en gericht is op dat wat bestaat op een lager niveau (§ 12). Ook anderen aanzetten om een dergelijke keuze te maken, ressorteert onder zonde (§ 17).

De gehele manicheïsche mythe moet over boord gegooid worden omwille van de godslastering die ze bevat. Het blijkt immers dat God, zo zegt Augustinus, volgens deze mythe aantastbaar en onrechtvaardig is! De ziel behoort volgens de manicheeërs tot substantie van God zelf en Secundinus schrijft dat de ziel zondigt wanneer ze instemt met het kwaad. Zo worden de aanhangers van Mani gedwongen om toe te geven dat er volgens hen veranderlijkheid en aantastbaarheid aanwezig is in de substantie van God (§ 19). Augustinus gaat vervolgens in op Secundinus' uitleg waarom God een gevecht leverde met de natuur van het kwaad, namelijk omdat het zou lijken alsof God instemde met de onrechtvaardigheid als hij de invaller niet bestreed. Maar, zo zegt Augustinus, de manicheïsche God beging een nog veel grotere onrechtvaardigheid door een deel van zichzelf te overhandigen om aangevallen, vervuild en zelfs gedeeltelijk veroordeeld te worden (§ 20).

De volgende hoofdstukken (§ 21-23) zijn gewijd aan een verwerping van Secundinus' kritiek op het Oude Testament. Het volstaat enkele voorbeelden aan te halen. Secundinus was verontwaardigd dat God aan Hosea de opdracht had gegeven om een prostituee te nemen en kinderen bij haar te verwekken (cf. Hos 1,2). Augustinus zegt dat de manicheeërs vergeten dat Christus in het evangelie zei dat prostituees en tollenaars het rijk der hemelen zouden binnengaan vóór de Farizeeën. Augustinus laat niet na de onderliggende reden van Secundinus' houding te preciseren: hij is niet zozeer verontwaardigd over het overspel, dan wel over het feit dat er kinderen verwekt zouden worden. De manicheeërs geloofden namelijk dat er bij de verwekking van kinderen goddelijke lichtdeeltjes gevangen gezet werden. De manicheïsche afkeer voor de voortplanting en meer in het algemeen voor de lichamelijke dimensie houdt ook verband met hun docetische christologie, waarbij zij elke lichamelijke contaminatie in de Redder willen uitsluiten. In het Oude Testament wordt Christus voorspeld: toen Abraham aan zijn slaaf vroeg 'leg mijn hand in mijn lies', uitte hij een profetie, namelijk dat de God van de hemel in het vlees zou komen dat uit die lies voortgeplant zou worden. De dieren in de ark van Noach symboliseren de toekomstige kerk die uit alle volken bestaat (§ 23).

In de aanloop naar een conclusie wijst Augustinus nog enkele aspecten van de manicheïsche positie van de hand. Hij herhaalt nogmaals dat de duivel geen enkele ontologische consistentie heeft (§ 24) en hij wijst het concept van de 'spirituele Redder' af en zegt dat Christus in het vlees geboren is. Mani, die zich uitgeeft als een apostel van Christus, geeft valse onderrichtingen (§ 25).

Tenslotte waarschuwt Augustinus zijn correspondent om zich tegen de achtergrond van Mattheüs 7,14, waarin gezegd wordt dat slechts weinigen het smalle pad betreden, niet te laten misleiden door het kleine aantal van de manicheeërs. Mogelijk zou dit wel eens kunnen liggen aan het feit dat de mensen een afkeer hebben van de grote goddeloosheid van de manicheeërs, zo suggereert Augustinus. Het kleine aantal waarvan sprake is in de Bijbel zit verborgen in de grote hoeveelheid kaf op de dorsvloer van de katholieke kerk. De bisschop van Hippo besluit zijn discours met een aansporing tot bekering: Secundinus moet de manicheeërs verlaten en zich laten verlichten door het ware licht dat ieder mens verlicht en naar deze wereld kwam (§ 26).

Datering

Wanneer Augustinus' *Antwoord aan Secundinus* precies moet worden gedateerd, is niet helemaal duidelijk. In de *Nalezingen* staat het *Antwoord aan Secundinus* samen met andere werken tussen *Tegen Faustus*, dat gewoonlijk gedateerd wordt tussen 398 en 400, en *Over de Drie-eenheid*, dat Augustinus aanvatte in 399.[43] Ervan

[43] In Augustinus' *Nalezingen* zijn de werken (vanaf *Tegen Faustus* tot en met *Over de Drie-eenheid*) gerangschikt als volgt: *Tegen Faustus*, *Tegen Felix*, *Over de aard van het goede*, *Tegen Secundinus*, *Tegen Hilarus* (dat verloren ging), *Vraagstuk-*

uitgaande dat de *Nalezingen* volledig chronologisch geordend zijn, nam Gustave Bardy een datum aan rondom 400.[44] Deze datum werd zonder verdere analyse aanvaard door Maurice Jourjon.[45]

De zaak is evenwel niet zo eenvoudig omdat *Tegen Felix* eveneens tussen *Tegen Faustus* en *Over de Drie-eenheid* gerangschikt staat en het boek *Tegen Felix* volgens de gegevens in het boek zelf gedateerd wordt op 7 december 404.[46] Omdat dit geschrift voorafgaat aan het *Antwoord aan Secundinus* wordt voor dit laatste werk de datum 'circa 405' naar voren geschoven. François Decret duidde een ruime mogelijke periode aan voor de compositie van het *Antwoord aan Secundinus*: tussen de samenstelling van *Tegen Felix* in

ken bij de evangeliën, *Aantekeningen bij het boek Job*, *Het eerste geloofsonderricht*, *Over de Drie-eenheid*. Cf. Augustinus, *Nalezingen* 2,7,34-2,15,42.

[44] De redenering van Bardy gaat als volgt: *Tegen Felix* dateert hij met P. Monceau in 398 (zie evenwel p. 20, noot 46); *Over de aard van het goede* en de volgende werken die in de *Nalezingen* vóór *Over de Drie-eenheid* staan, hebben geen aanduiding van datum. Ze moeten geredigeerd zijn vooraleer Augustinus de samenstelling van zijn groot werk over de Drie-eenheid ondernam. Zo komt Bardy tot een datering 'rondom 400'. Cf. G. Bardy (ed.), *Les Révisions*, BA 12 (Paris: Desclée de Brouwer, 1950), p. 578-579 (nr. 44 en 45).

[45] M. Jourjon vermeldt 'disons autour de 398' en 'autour de 400' als mogelijke data voor Augustinus' *Antwoord aan Secundinus*. R. Jolivet en M. Jourjon (eds.), *Six traités antimani-manichéens*, BA 17 (Paris: Desclée de Brouwer, 1961), p. 11 en p. 531.

[46] P. Monceau dateerde *Tegen Felix* in 398 en probeerde zo de chronologie in de *Nalezingen* glad te strijken. Hij meende dat een kopiist zich vergist had en in plaats van de oorspronkelijke woorden 'Honorio IV cons' (wat neerkomt op: 398) geschreven had: 'Honorio VI' (wat neerkomt op 404). Cf. P. Monceau (1908), 51-53. Dergelijke fouten komen vaak voor, maar later onderzoek wees uit dat deze fout hier weinig waarschijnlijk is omdat de eerste dag van het gesprek op een woensdag moet vallen en dat is niet het geval in 398. Op dit moment gaat men er van uit dat *Tegen Felix* wel degelijk in 404 te dateren is, zoals uit het de datum in het werk zelf op te maken is. Augustinus, *Tegen Felix* 1,1; R. Jolivet en M. Jourjon (1961), p. 787-788 (nr. 59 [noot van M. Jourjon]). Kevin Coyle, 'Felicem Manichaeum, Contra', in: A.D. Fitzgerald (1999) p. 358; R. Teske, 'Introduction [to Answer to Felix, A Manichaean]', in: *The Manichaean Debate*, The works of Saint Augustine: A translation for the 21st century I/19 (New York NY: New City Press, 2006), p. 271.

december 404 en de conferentie van Carthago in 411.[47] Het is belangrijk om voor ogen te houden dat elke absolute datering onzeker is omdat de volgorde van de literaire productie in de *Nalezingen* niet echt behulpzaam is en omdat noch de brief van Secundinus, noch Augustinus' antwoord voldoende gegevens bevatten om tot een exacte datering over te gaan.

Wel weten we dat de brief van Secundinus zinspeelt op bepaalde passages uit Augustinus' *Belijdenissen* (397/401) en dat Secundinus wellicht ook bekend was met enkele hoofdstukken uit het lijvige boek *Tegen Faustus* (397/399). Giulia Sfameni Gasparro stelt terecht dat uit Augustinus' antwoord aan Secundinus de wil blijkt om het debat met zijn vroegere geloofsgenoten af te ronden. Het is de afsluiter van een reeks geschriften in directe en programmatische vorm tegen de Manicheeërs, hoewel meer of minder expliciete verwijzingen naar de manicheeërs in latere werken niet ontbreken.[48] De ietwat vage aanduiding 'omstreeks 405' lijkt ons een veilige aanduiding voor een mogelijke datering van Secundinus' brief en het antwoord daarop van Augustinus.

Tekstuitgave

In 2010 maakte Mirjam Kudella een nieuwe editie van de Brief van Secundinus en Augustinus' *Antwoord aan Secundinus*. Ze bracht daarbij heel wat tekstkritische verbeteringen aan ten opzichte van de tekst van Ioseph Zycha die in 1892 gepubliceerde werd in CSEL 25, 893-901. De tekst van Zycha vertoont heel wat tekortkomingen: het is niet altijd duidelijk waarop de tekstkritische noten precies duiden en bovendien zijn hier en daar sigla verwisseld. Het enige handschrift dat Zycha gebruikte, de tiende-eeuwse *codex carnutensis*, overleefde jammer genoeg de Tweede Wereldoorlog niet. Afgezien van een Keulens excerptenmanuscript zijn er geen handschriften meer bekend die de Brief van Secundinus en/of

[47] F. Decret (1978), vol. 1, p. 141.
[48] G. Sfameni Gasparro (2000), p. 519.

Augustinus' *Antwoord* bevatten. Kudella kon wel een beroep doen op de *editio princeps* die Amerbach in 1506 in Bazel vervaardigde. Deze editie, zo toont zij in de lijn van Stein aan, had (nog) een andere codex voorliggen dan de *codex carnutensis* en vertegenwoordigt daarmee een op zichzelf staande traditie. De tekstuitgave van Kudella bevat conjecturen van de Mauristen (1680), van Merkelbach, van het Corpus Augustinianum Gissense en van Kudella zelf.[49]

Nederlandse vertaling

Dit boek bevat de eerste volledige vertaling in modern Nederlands van de correspondentie tussen Secundinus en Augustinus.

Tijdens mijn speurtocht naar eventuele oudere Nederlandse vertalingen botste ik op een merkwaardig boek: de *Historie der kerken en ketteren*, waarvan het eerste deel verscheen in 1701.[50] Het is de vertaling 'in het Nederduits' van de in het 'Hoogduits' geschreven *Unpartheyische Kirchen- und Ketzer-historie* van Arnold Gottfried (1666-1714).[51] Deze kerkhistoricus was een vertegenwoordiger van het piëtisme, een hervormingsbeweging binnen het protestantisme.[52] Grote tekstgedeelten uit Secundinus' brief zijn in

[49] M. Kudella (2010), p. 164-168.

[50] Cf. P. De Rynck en A. Welkenhuysen, *De oudheid in het Nederlands: Repertorium en bibliografische gids voor vertalingen van Griekse en Latijnse auteurs en geschriften* (Ambo: Baarn, 1992), p. 335.

[51] In het Duits: G. Arnold, *Unpartheyische Kirchen- und Ketzer-historie. Vom Anfang des Neuen Testaments bis auf das Jahr Christi 1688* , 2 vol. (Franckfurt am Mayn: Bey Thomas Fritsch,1700); in het Nederlands: G. Arnold, *Historie der kerken en ketteren: Van den beginne des Nieuwen Testaments tot aan het Jaar onses Heeren* 1688, 2 vol. (Amsterdam: Sebastiaan Petzold, 1701).

[52] Het piëtisme was een belangrijke hervormingsbeweging waarvan de invloed zich in verschillende fasen van het protestantisme liet gevoelen. Het was vaak ook een belangrijke bron voor de religieuze dynamiek die protestanten vanaf dan ook elders ter wereld aan de dag legden. Philip Jacob Spener (1635-1705) en zijn vroege volgelingen vonden de authentieke ervaring van God door een persoonlijke relatie van vitaal belang. Het ging om een 'volledig Christen zijn': het geloof

dit boek samen met fragmenten van de manicheeër Fortunatus en fragmenten uit de brief van Mani in vertaling opgenomen.[53] Gottfried baseerde zich daarbij op de in Lyon gedrukte uitgave van Augustinus' werken. Het was de uitdrukkelijke bedoeling van de historicus om de lezer zelf te laten oordelen wat de manicheeërs leerden omdat er in de loop der geschiedenis 'veele onregte of valsche beschuldigingen' tegen hen waren uitgebracht. Secundinus' brief werd in 1701 evenwel niet integraal in het Nederlands vertaald. De passage waarin Secundinus zich spottend uitlaat over het Oude Testament (§ 3) is weggelaten, net zoals de manicheïsche uitleg over de begintijd, de middentijd en de eindtijd (grotendeels § 6 en aansluitend § 7). Ook sommige korte, maar scherpe opmerkingen tussendoor, bijvoorbeeld over de Punische man in § 3 en over de vrouwen in § 4, zijn niet in de Nederlandse tekst overgeleverd. De passages over de realiteit en de boosaardigheid van het kwaad zijn wel exhaustief vertaald. De zogenaamde onpartijdigheid van Arnold Gottfried kwam in feite neer op een minstens gedeeltelijke rehabilitatie van wat traditioneel als ketterij werd bestempeld. De auteur van deze kerkgeschiedenis neemt het Augustinus bijvoorbeeld kwalijk dat hij het in zijn discussies met het manicheïsme

moest in de praktijk worden toegepast. Iedere christen had een taak in de kerk. Het piëtisme was bijbels georiënteerd: via lees- en studiegroepen maakten de gelovigen zich vertrouwd met de Bijbel. Het piëtisme voert oppositie tegen een dominant patroon van heersende normen in de geloofsbeleving. Over het piëtisme, zie o.a.: F. E. Stoeffler, *The Rise of Evangelical Pietism* (Leiden: Brill, 1971) en F. E. Stoeffler, *German Pietism during the Eighteenth century* (Leiden: Brill, 1973). Over G. Arnold en zijn kerkgeschiedenis, zie: A.U. Sommer, 'Geschichte und Praxis bei Gottfried Arnold', in: *Zeitschrift für Religions- und Geistesgeschichte* 54 (2002,3), p. 210-243.

[53] G. Arnold, *Historie der kerken en ketteren: Van den beginne des Nieuwen Testaments tot aan het Jaar onses Heeren 1688*, deel 1 (Amsterdam: Sebastiaan Petzold, 1701), p. 818-819 (citaten uit de Brief van Mani, overgeleverd in Augustinus, *Antwoord op Mani's Brief 'het Fundament'*); p. 824-827 (citaten van Fortunatus overgeleverd in: Augustinus, *Tegen Fortunatus*); p. 818-824 (grote delen uit de *Brief van Secundinus*, overgeleverd dank zij: Augustinus, *Tegen Secundinus*). Ook in de oorspronkelijke Duitse versie waren deze manicheïsche bronnen in vertaling opgenomen.

voortdurend wilde hebben over leerstellige items. Volgens Gottfried werden er conclusies getrokken waaraan Mani zelf nooit zou hebben gedacht: 'nergens heeft hy van twee Gooden of anderzins iets lasterlyks ooit gesproken'. Het was 'uyt liefde en eerbiedigheyd tot God' dat Mani de goede God niet als oorsprong van het kwaad wilde aanduiden. Deze trouw heeft hij duur betaald, zo redeneert deze vroegmoderne historicus.[54]

De hier voorliggende vertaling is gemaakt op basis van de hierboven genoemde tekstuitgave uit 2010 van Mirjam Kudella. Wie de Latijnse tekst ter hand wil nemen, kan deze in het boek van Kudella vinden. Deze vertaling is bedoeld voor studenten in de theologie en andere geïnteresseerden. Ik heb gezocht naar een goed evenwicht tussen toegankelijkheid en wetenschappelijke betrouwbaarheid. Dat impliceert dat theologische sleutelbegrippen correct vertaald zijn. De relatie tussen Schepper en schepsel geeft Augustinus bijvoorbeeld weer met *fecit* of *creavit*: God schept en het schepsel is ondergeschikt aan de Schepper. De relatie tussen de Vader en de Zoon wordt weergegeven met *genuit*: de Vader brengt de Zoon voort en deze is uit dezelfde substantie als de Vader. De vertaling probeert de originele gedachtegang van Secundinus en Augustinus zoveel mogelijk weer te geven in vlot Nederlands. Lange Latijnse volzinnen zijn in de vertaling soms opgesplitst om een leesbare tekst te bekomen. Kleine nuances gaan bij een vertaling soms onvermijdelijk verloren. Wanneer het onmogelijk was om woordspelletjes in het Nederlands weer te geven, heb ik dit in een toelichtende voetnoot aangegeven. Voetnoten willen in de eerste plaats een verduidelijking zijn bij de tekst. Ik heb geenszins getracht exhaustief te zijn bij het aanvoeren van achtergrondinformatie. In de tekst zijn Bijbelcitaten cursief weergegeven, referenties aan Bijbelse teksten niet. Deze laatste staan in de voetnoot aangeduid met 'cf'. De paragraafindelingen en de tussentitels zijn door mij aangebracht om het werk van de lezer te vergemakkelijken. Achteraan is een register opgenomen van Bijbelteksten en een algemene

[54] G. Arnold, *Historie der kerken en ketteren*, vol. 1, p. 180-189 en p. 824-827.

index van zaken en namen. Een beknopte bibliografie stelt de lezer in staat om zelf verder literatuur op te zoeken over Augustinus en het manicheïsme. Bibliografische verwijzingen die in een voetnoot beknopt zijn weergegeven, zijn gedetailleerd terug te vinden in de bibliografie.

De vertaler, Marleen Verschoren, is theologe en classica en vrijwillig medewerker van het Augustijns Historisch Instituut (Heverlee, Leuven) dat deze publicatie mee mogelijk maakte.

Brief van de manicheeër Secundinus aan de heilige Augustinus

Secundinus aan bisschop Augustinus, die terecht eerbiedwaardig en prijzenswaardig is en die buitengewone eer verdient.

Groet. De strijd tegen de geesten van het kwaad

[1] Ik zeg van harte dank aan de onuitspreekbare en allerheiligste Majesteit en aan Jezus Christus, zijn eerstgeborene, de koning van alle lichten, en op dezelfde wijze zeg ik nederig dank aan de Heilige Geest: zij hebben mij de gelegenheid gegeven om onbezorgd je voortreffelijke heiligheid te begroeten, mijnheer, die terecht prijzenswaardig zijt en buitengewone eer verdient.[1] En dit is niet verbazingwekkend: het is immers hun rol bij uitstek om alle goeds te verrichten en om alle kwaads af te houden. Zij moeten jouw welwillendheid verdedigen met hun bolwerken en je bevrijden van dat kwaad – niet het kwaad dat niets is, of dat ontstaat uit menselijke intriges of hartstochten,[2] maar het kwaad dat klaarstaat om

[1] De 'onuitspreekbare en allerheiligste Majesteit', 'Jezus Christus, zijn eerstgeborene, koning van alle lichten' en 'de Heilige Geest' zijn hier in een manicheïsche trinitarische formule samengebracht. Gelijkaardige formules staan vermeld in: *Tegen Fortunatus* 3; *Tegen Faustus* 20,2 en *Tegen Felix* 1,16. Dergelijke formules behoorden reeds tot de leer van Mani, zoals bijvoorbeeld te zien is aan het begin van zijn *Brief 'Het fundament'* (Cf.: Augustinus, *Antwoord op Mani's Brief 'Het fundament'*, 7,8). Gelijkaardige formuleringen waren ook in de manicheïsche liturgie bekend. M. Kudella (2010), p. 332.

[2] Secundinus zinspeelt hier op Augustinus' leer van het kwaad, die radicaal verschillend is van die van de manicheeërs. Vanuit ontologisch gezichtspunt bestaat het kwaad niet, maar is het zijnsvermindering. In de *Belijdenissen* had Secundinus kunnen lezen dat het kwade een 'verlies van het goede' is, 'gaande tot dat wat helemaal niet is'. Op antropologisch niveau is het kwaad bij Augustinus

zich te manifesteren.[3] Maar wee de mens die zichzelf als een gelegenheid voor dit kwaad aangeboden heeft![4] Want jij bent het waard om zulke geschenken van hen te verkrijgen en om hen te hebben als voeders van je waarheid, als een waarachtige lamp, die de rechterhand van de waarheid geplaatst heeft op de kandelaar van je hart om te voorkomen dat bij de komst van de dief het erfgoed, jouw schatkamer, wordt teniet gedaan.[5] Hopelijk bevelen zij dat dat huis blijft bestaan zonder in te storten, het huis dat jij hebt neergezet, niet op het zand van de dwaling, maar op de rots van de kennis![6] Hopelijk drijven zij die angstaanjagende geest weg van ons, die vrees en trouweloosheid in mensen opwekt met de bedoeling hun zielen weg te leiden van het smalle pad van de Verlosser![7] Iedere aanval van deze geest barst los door middel van de heersers over wie de apostel in de brief aan de Efeziërs zegt dat hij met hen de strijd is aangegaan. Want hij zegt dat hij *geen strijd voert tegen vlees en bloed, maar tegen de heersers en de machthebbers, tegen de geesten van het kwaad, die zich in de hemelsferen bevinden.*[8] En inderdaad, want wie zou er nu een oorlog voeren tegen wapens en niet tegen degene die gewapend tegen hem oprukt? Want zoals de lichamen van de mensen de wapens van de zonde zijn, zo zijn de heilzame voorschriften de wapens van de rechtvaardigheid.[9] Hiervan legt Paulus getuigenis af, hiervan legt Mani zelf getuigenis af.

een product van de zondige wil van de mens (e.g.: Augustinus, *Belijdenissen*, 3,7,12; 7,3,4-5; 7,12,18; 7,16,22).

[3] Het kwaad dat klaarstaat om zich te manifesteren, is het principe van het kwaad als een kosmische realiteit met implicaties op antropologisch niveau. Uit de volgende zin 'wee de mens...' spreekt het gevaar dat uitgaat van dit kwaad.

[4] Dit is mogelijk een aanhaling uit het *Diatessaron* van Tatianus. Een gelijkaardige uitspraak kan ook gevonden worden in de manicheïsche Bema-psalmen. Cf. van Oort (2001), p. 168.

[5] Secundinus verbindt hier het Bijbelse beeld van de lamp en de kandelaar (cf. Mt 5,15par) met de beeldspraak over de schat die gevaar loopt om gestolen te worden door een dief (cf. Mt 6,19-22).

[6] Cf. Mt 7,24-27.

[7] Cf. Mt 7,13-14.

[8] Ef 6,12.

[9] Cf. Rom 6,13.

Eeuwig leven of gejammer en tandengeknars

[2] Het is dus geen strijd van wapens, maar van geesten die deze wapens gebruiken. Zij vechten echter in het belang van de zielen. Midden tussen de geesten bevindt zich de ziel, waaraan haar eigen natuur vanaf het begin de overwinning heeft gegeven.[10] Als ze samen met de geest van de deugden handelt, dan zal ze samen met hem het eeuwig leven hebben en zal ze dat rijk bezitten waartoe onze Heer uitnodigt.[11] Als ze echter begint met zich te laten meesleuren door de geest van de ondeugden en ermee instemt, en na de instemming berouw toont, dan zal ze een bron van lankmoedigheid vinden voor haar bezoedelingen. Want ze wordt naar het kwaad geleid door een vermenging met het vlees, niet door haar eigen wil. Maar als ze, hoewel ze zichzelf herkend heeft, zou instemmen met het kwaad en zich niet zou wapenen tegen de vijand, dan heeft zij uit eigen wil gezondigd. En als ze zich weer schaamt over het feit dat ze gedwaald heeft, dan zal ze de initiatiefnemer van de barmhartigheid nog steeds bereid vinden. Want ze wordt niet gestraft omdat ze heeft gezondigd, maar omdat ze de zonde niet heeft betreurd.[12] Maar als ze deze wereld verlaat met dezelfde zonde

[10] Secundinus spreekt hier over geesten die vechten in het belang van de zielen. Het gaat dus niet om twee zielen die tegen elkaar vechten. De overwinning komt toe aan de ziel omdat ze een goddelijke substantie heeft. Augustinus van zijn kant had in *Over de ware godsdienst* en in *Over de twee zielen* gewag gemaakt van een manicheïsche leer met twee tegengestelde zielen: een goede en een kwade. Tot nu toe zijn er geen duidelijke manicheïsche bronnen gevonden die de theorie van de twee zielen in een mens ondersteunen. Zie ook: Augustinus' *Antwoord aan Secundinus* § 8 (p. 58 noot 48) Zie voor een discussie: C. Giuffrè Scibona (2011), 377-418.

[11] Cf. Mt 25,34.

[12] Het manicheïsche concept van 'vrijheid' is halfslachtig. Secundinus neemt in feite een tweeledige positie in: hij verbindt de stelling van de dwingende kracht van de duisternis met de mogelijkheid om, na het verkrijgen van de *gnosis*, te zondigen uit eigen wil (Ter vergelijking: de manicheeër Fortunatus stelt dat men onvrijwillig zondigt, gedwongen door de kwade substantie. Na het verwerven van *gnosis* kan de ziel, die zich haar vroegere staat herinnert, haar onvrijwillig gemaakte fouten corrigeren. Cf.: Augustinus, *Antwoord aan Fortunatus*, 20) Het moment

zonder dat ze er vergeving voor gekregen heeft, dan zal ze buitengesloten worden, dan zal ze vergeleken worden met een dwaze maagd,[13] dan zal ze een bok zijn aan de linkerhand,[14] dan zal ze door de Heer verdreven worden van het huwelijksbanket omwille van haar zwarte kleren naar daar waar er gejammer en tandengeknars zal zijn,[15] en zal ze samen met de duivel naar het vuur gaan van diens eigen oorsprong.[16] Over hem herinnert jouw bewonderenswaardige wijsheid zich nu eens dat hij uit een aartsengel gemaakt is,[17] dan weer leert ze dat hij niets is. Waarom zullen de rechtvaardigen dan heersen? Waarom zullen de apostelen en de martelaren gekroond worden? Dit alles, omdat zij 'niets' overwonnen hebben? O hoeveel afbreuk doet men aan de macht van de overwinnaar, wanneer men zegt dat de tegenstander van geen waarde is! Herzie je mening, vraag ik je, leg je onoprechtheid af, die typisch is voor het Punische volk,[18] en maak je verwijdering van de

van *gnosis* wordt in Secundinus' brief aangeduid met de woorden: 'hoewel ze zichzelf herkend heeft'. Beide benaderingen komen ook in andere manicheïsche bronnen voor, maar als ze al aan elkaar gekoppeld worden, dan gebeurt dat meestal suggestief. In dat verband toont Hoffmann aan dat de positie van Secundinus mogelijke parallellen vertoont met Mani's *Kephalaia* 138 en 38. In *Kephalaion* 138 worden 'twee gevallen' onderscheiden. In het eerste geval 'dwingt' het lichaam de ziel om fouten te maken. Daarna verschaft de Licht-Nous aan de ziel het bewustzijn dat er een fout gemaakt is. Wanneer de 'nieuwe mens' vergeving vraagt, wordt die verleend. In een tweede geval komt het na 'onderricht' tot zonde. De ziel 'vergeet' het onderricht door de Licht-Nous, die haar aan haar ware zijn herinnerd heeft. De Licht-Nous onderricht opnieuw, zet aan tot boetedoening, reinigt en wijst de ziel de weg naar haar heimat. *Kephalaia* 38 geeft aan dat vergeving mogelijk is, ook na het verwerven van *gnosis*. Wie zich evenwel van Mani's kerk afscheidt, wordt door de Nous verlaten. In *Kephalaia* 41 staat dat vijanden van Mani's kerk de eeuwige verdoemenis te wachten staat. A. Hoffmann (2011), 481-517.

[13] Cf. Mt 25,1-13.

[14] Cf. Mt 25,33.

[15] Cf. Mt 22,1-14.

[16] Cf. Mt 25,41.

[17] Cf. Augustinus, *Belijdenissen* 7,3,5.

[18] Secundinus neemt hier Augustinus' afkomst op de korrel. Augustinus kende Punisch en was met de Punische literatuur bekend. Wanneer een zekere Maximus, een heidense grammaticus, de spot drijft met de Punische namen van een aantal

waarheid, die plaatsvond uit angst, ongedaan![19] Stop met je te verschuilen achter deze leugens.

Beschuldigingen aan het adres van Augustinus

[3] Ik heb met mijn zwak en middelmatig verstand van een Romein enkele geschriften van jouw eerbiedwaardige hand gelezen, waarin jij je net zo boos maakt op de waarheid als Hortensius op de filosofie.[20] En zo las en herlas ik deze geschriften met een open geest en met een aandachtig oog en overal vond ik een zeer groot redenaar en bijna een god van de gehele welsprekendheid. Maar ik heb nergens een christen ontdekt, eerder een man gewapend tegen alles en iedereen, die in feite niets bevestigt, terwijl jij je eerder ervaren had moeten tonen in de wetenschap, niet in de

christelijke martelaren, vindt Augustinus dit hoogst ongepast. (cf. Augustinus, *Brief* 17,2). Sinds de tijd van Hannibal werd het Punische volk van Noord-Afrika als trouweloos beschouwd. G. Waldheer (2000), p. 193-222.

19 Toen Augustinus het manicheïsme verliet (383/384), waren er in Noord-Afrika repressieve maatregelen tegen de manicheeërs van kracht. Augustinus zelf maakt in *Over de gewoonten van de Manicheeërs* 19,69 melding van een *lex publica* die het aan manicheeërs verbood om bij elkaar te komen. Petilianus suggereert dat Augustinus zelf door een vonnis getroffen zou zijn naar aanleiding van een anti-manicheïsche actie begin 386. Augustinus kon evenwel aantonen dat hij toen al in Milaan was. Cf. Augustinus, *Tegen de brieven van Petilianus,* 3,25,30. Voor meer informatie en voor de overeenkomstige keizerlijke decreten, cf. F. Decret (1978), p. 211-233.

20 Cicero's werk, *Hortensius*, was een aansporing (*hortari*) tot de filosofie. Het werk is slechts fragmentarisch overgeleverd. In de *Belijdenissen* 3,4,7-8 geeft Augustinus aan dat dit werk hem aanzette tot het zoeken van de waarheid. Hij belandde bij de manicheeërs waarover hij schrijft: 'En ze zeiden: "waarheid" en "waarheid" en ze bleven mij voortdurend over de waarheid spreken, en nergens was die waarheid bij hen' (*Belijdenissen* 3,6,10). Wellicht is dit de passage waarnaar Secundinus verwijst wanneer hij zegt dat Augustinus zich boos maakte op de (manicheïsche) waarheid. Ook Hortensius (de hoofdfiguur in Cicero's gelijknamige boek) was boos: als vertegenwoordiger van de academische scepsis bekritiseerde hij de filosofie en vroeg hij om een hervorming. P. Courcelle (1950), p. 237; M. Kudella (2010), p. 207.

welsprekendheid. Het volgende kan ik niet verzwijgen voor jouw zeer geduldige heiligheid: ik heb de indruk gekregen – en het is zeker zo – dat jij nooit een volgeling van Mani bent geweest en dat je nooit de verborgen mysteries van zijn geheim hebt kunnen kennen[21] en dat je, onder de naam van Mani, in feite Hannibal[22] en Mithridates[23] aanvalt.[24] Want ik geef toe dat de verfijndheid en de kunstigheid waarmee het marmer in het huis van de Anicii[25] blinkt, niet kan tippen aan de welsprekendheid in je geschriften. Als jij deze welsprekendheid in overeenstemming had willen brengen met de waarheid,[26] dan zou dit voor ons beslist een magnifiek ornament geweest zijn. Ik vraag je: ga niet in tegen je natuur; wees niet de

[21] De uitspraak dat Augustinus het manicheïsme nooit echt gekend heeft, is merkwaardig, temeer omdat Julianus van Aeclanum later zou beweren dat Augustinus zich nooit helemaal van zijn manicheïsche verleden heeft kunnen losmaken. Zie o.a.: Augustinus, *Tegen Julianus: onvoltooid werk* 1,32; 2,49; 1,59; 2,31; 3,170; 4,47.

[22] Hannibal (247/246 - 183 v. Chr.) was een Carthaagse generaal en staatsman. Tijdens de Tweede Punische Oorlog (219 - 201 v. Chr.) leidde hij de legers van Carthago over de Pyreneeën en de Alpen richting Rome. Hij behaalde een reeks overwinningen tegen de Romeinen, maar de geplande verrassingsaanval op Rome mislukte. *Der Neue Pauly*, vol. 5, col. 152-154.

[23] Mithridates is waarschijnlijk Mithridates VI, koning van Pontus in Anatolia (120-63 v. Chr.), die kort de macht van Rome in Azië uitdaagde. *Der Neue Pauly*, vol. 8, col. 278-280.

[24] Mithridates en Hannibal zijn twee aartsvijanden van de Romeinen. Mogelijk bevatte Cicero's *Hortensius* een verwijt aan het hoofdpersonage: 'Jij, Hortensius, bestrijdt de filosofie alsof ze Hannibal of Mithridates is'. Secundinus zou hier dan op inspelen door Augustinus een gelijkaardig verwijt te maken met dezelfde militaire vergelijking. Voor meer informatie, zie: J. Stroux (1931), p. 110; M. Kudella (2010), p. 206-211.

[25] De Anicii behoorden tot de rijkste families van het Romeinse rijk. Cicero, *Brutus*, 83 vermeldt dat Anicius Gallus beroemd was voor de luxe van zijn huis en zijn tafel. In Cicero, *Hortensius*, fragmenten 22-23 bewonderen de gasten de *Villa Tusculana* van gastheer Lucullus, in het bijzonder de standbeelden en de muurschilderingen. M. Kudella (2010), p. 208.

[26] Cf. Augustinus, *Belijdenissen* 3,6,10: 'en ze [= de manicheeërs] bleven zeggen "waarheid" en "waarheid" en ze bleven mij voortdurend over de waarheid spreken, en nergens was die waarheid bij hen' en 3,7,12: 'en terwijl ik me van de waarheid verwijderde, meende ik dat ik ernaar toe ging'.

lans van de dwaling, waarmee de zijde van de Redder wordt doorboord.[27] Want je ziet dat hij in de gehele wereld en in elke ziel[28] aan het kruis hangt, terwijl die ziel nooit de natuur heeft gehad om zich kwaad te maken. En jij dan, die uit deze ziel afkomstig bent, laat – ik smeek je – de ongegronde beschuldigingen varen. Verlaat de onnodige controverses. Gedurende zoveel tijd dat jij met je vader te midden van de duisternis verbleef, heb jij je nooit spottend uitgelaten: het is te midden van de zon en de maan dat jij je een aanklager toont.[29] Wie zal dus jouw advocaat zijn voor het rechtvaardige tribunaal van de Rechter, wanneer men, vanuit je eigen getuigenis, zowel op basis van je woorden als op basis van je daden, jouw schuld begint aan te tonen? De Pers die jij beschuldigd hebt, zal jou niet bijstaan.[30] Als hij het niet is, wie zal jou dan troosten

[27] Cf. Joh 19,34.

[28] De uitdrukking 'gekruisigd in elke ziel' roept de manicheïsche figuur van *Jesus patibilis* (de lijdende Jezus) op: het in de materie vastzittende of 'gekruisigde' deel van de goddelijke lichtsubstantie. De manicheeërs onttrekken het lijden aan de historische Jezus die enkel *schijnbaar* geleden heeft en gestorven is. Het beeld van de *Jesus patibilis* is een verdere ontwikkeling van het beeld van het kosmische 'lichtkruis': een kruisvormige ordening van de oerelementen die wellicht reeds 'voormanicheïsch' is. E. Smagina (2001), p. 243-249.

[29] Secundinus drukt zich hier cryptisch uit, maar voor Augustinus – bekend met de manicheïsche terminologie – moet de bedoeling duidelijk geweest zijn. De periode 'te midden van de duisternis' duidt op de periode vooraleer Augustinus een manicheeër werd: toen dreef hij nooit de spot met de manicheïsche leer. 'Je vader' is wellicht denigrerend bedoeld: Patricius, de vader van Augustinus, was niet gelovig (cf. Augustinus, *Belijdenissen*, 1,11,17). De uitdrukking 'te midden van de zon en de maan' (cf. Augustinus, *Belijdenissen* 3,6,10) duidt op de periode nadat Augustinus manicheeër is geworden. De zon en de maan waren manifestaties van de goddelijke substantie. De manicheeërs baden met het gezicht naar deze hemellichamen (cf. Augustinus, *Brief* 236,2). Augustinus stelt vast dat de manicheeërs niet op zijn vragen kunnen antwoorden en bekeert zich later tot het katholieke geloof. R. Jolivet en M. Jourjon (1961), p. 774 (nr. 25).

[30] Dit roept reminiscenties op aan het manicheïsche *bema*-feest. Tijdens dit feest plaatste men een portret van Mani op de zetel van het oordeel. Op het einde der tijden zou Jezus deze zetel innemen. Dit feest had verschillende betekenissen: de herdenking van Mani, een focus op belijdenis en boete en anticipatie op de laatste dag. Er zijn manicheïsche teksten bekend waarin Mani het bij het oordeel

wanneer je weent? Wie zal de Punische man redden? Of is de passage in het Evangelie 'verbeterd' en moet men begrijpen dat de brede weg *niet* leidt naar de ondergang?[31] Of is het fout wat Paulus schrijft: zal ieder van ons zich *niet* moeten verantwoorden voor zijn daden?[32]

Spot met de verhalen uit het Oude Testament

Was jij maar, toen jij je van Mani verwijderde, naar de Academie[33] gegaan of had je maar een commentaar geschreven op de oorlogen van de Romeinen, die alles overwonnen hebben![34] Wat een grote, wat een voortreffelijke dingen zou je daar te weten gekomen zijn! Maar neen: jij, een zedig man en een model van verstandigheid en bescheidenheid, wendde je in de plaats daarvan tot de fabeltjes van de Joden, een volk dat barbaars is zowel in zijn gewoonten als in zijn voorschriften,[35] zoals: *Huw een overspelige vrouw en verwek hoerenkinderen*, en *Door hoererij zal het land zich weghoeren van de*

opneemt voor de gelovigen, bijvoorbeeld: '... terwijl hij voor ons bidt, want alles waarvoor hij tot de Rechter bidt, zal hem gegeven worden'. *Bema*-psalm 236, r. 26-28 in: C.R.C. Allberry (1938), p. 34, r. 26-28 en in: G. Wurst (ed.) (1996), p. 89 (regelnummering zoals C.R.C. Allberry); I. Gardner en S.N.C. Lieu (2010), p. 290-291.

31 Cf. Mt 7,13.

32 Cf. Rom 14,12.

33 Mogelijk wist Secundinus uit zijn lectuur van de *Belijdenissen* dat Augustinus zich een tijdlang aangetrokken voelde tot het scepticisme van de Nieuwe Academie (Augustinus, *Belijdenissen* 5,10,19 en 5,14,25; Augustinus, *Nalezingen*, 1,1,1). De vermelding van de Academie kan ook ingegeven zijn door Cicero's *Hortensius*: Hortensius vertegenwoordigde de positie van de academische scepsis. M. Kudella (2010), p. 206-211 en 230.

34 Secundinus' verwijzing naar de geschiedschrijving is wellicht eveneens een zinspeling op Cicero's *Hortensius*. In fragment 26 looft Lucullus de geschiedschrijving. Het belang ervan wordt onderstreept in de fragmenten 27-29. Tenslotte wordt iemand aangespoord om de geschiedschrijving te beoefenen in fragment 30f. J. Stroux (1931), p. 106-118; M. Kudella (2010), p. 208.

35 Cf. Augustinus, *Belijdenissen*, 3,7,13-14 waar Augustinus uitlegt dat bepaalde Oudtestamentische figuren rechtvaardig zijn naar de 'allervoortreffelijk-

Heer[36] en *Je zult je handen niet wassen nadat je seksuele omgang hebt gehad met je partner*[37] en *Leg je handen in mijn lies*[38] en *Slacht en eet*[39] en *Wees vruchtbaar en word talrijk.*[40] Of kon je de leeuwen in de kuil appreciëren omdat er geen kooien bestonden?[41] Of was je bedroefd over de onvruchtbaarheid van Sara?[42] Haar kuisheid werd in het gedrang gebracht door haar echtgenoot doordat die zich uitgaf als haar broer![43] Maar misschien had je na de strijd van Dares en Entelle[44] de worsteling van Jacob tegen zichzelf willen

ste wet van de almachtige God'. Ze mogen niet als onrechtvaardigen beschouwd worden volgens zeden en gewoontes van voorbijgaande aard.

[36] Hos 1,2; Cf. Augustinus, *Tegen Faustus,* 22,5 (Faustus); 22,80 (Augustinus); 22,89 (Augustinus).

[37] In het Latijn staat er: *Non lavabis manus post coitum coniugis.* Hoewel Secundinus deze zin behandelt als een oudtestamentische vers, is deze zin nergens in de Bijbel terug te vinden. Leviticus 15 zegt eerder tegenovergestelde (zie in het bijzonder: Lev 15,16). De zin, zoals gepresenteerd door Secundinus, gaat regelrecht in tegen de Joodse gebruiken waarin het wassen van de handen wel degelijk voorgeschreven was. Augustinus rept in zijn *Antwoord aan Secundinus* nergens over dit vers. Van Oort suggereert dat er in het Latijn *nam* ('want') moet gelezen worden in plaats van *non* ('niet'). Het is niet uitgesloten dat Secundinus een *florilegium* gebruikte waarin het vers verkeerdelijk overgeleverd was. J. van Oort (2001), p. 165-166 (noot 16). Kudella van haar kant meent dat het vers Lev 15,16 door een kopiist in de tekst is geïntroduceerd in de plaats van Gn 2,24. Dat zou verklaren waarom Augustinus in zijn antwoord aan Secundinus niet ingaat op Lev 15,16 terwijl het nochtans gemakkelijk zou zijn om dit vers als niet-Bijbels onderuit te halen. Anderzijds legt Augustinus Gn 2,24 uit (zie *Tegen Secundinus* 21), wat er zou kunnen op wijzen dat het in de brief van Secundinus stond. Ook in *Tegen Faustus* had Augustinus Gn 2,24 uitgelegd. Het spreekt voor zich dat de suggestie van Kudella waardevol is, maar dat men op basis van de voorliggende gegevens niet tot een sluitende conclusie kan komen. M. Kudella (2010), p. 198 en p. 231.

[38] Gn 24,2; Gn 47,29; cf. Augustinus, *Tegen Faustus,* 12,41.

[39] Hnd 10,13.

[40] Gn 1,28.

[41] Cf. Da 6.

[42] Cf. Gn 16,1.

[43] Cf. Gn 12,13; Cf. Gn 20,2.

[44] Vergilius, *Aeneïs* 5,362-484.

afwachten?[45] Misschien had je besloten om het aantal Amorieten[46] te tellen of de mengelmoes[47] van dieren, die aanwezig was in de ark van Noach?[48] Ik weet dat je deze dingen altijd gehaat hebt. Ik weet dat je altijd een voorliefde hebt gehad voor grote dingen die de aarde achter zich laten en die naar de hemel reiken, die het lichaam doden en die de ziel tot leven brengen.[49] Wie is dan diegene die jou plotseling heeft veranderd?

De boosaardigheid van de tegenstrever

[4] Trouwens, het is al te absurd dat ik dit soort zaken tegen jouw heiligheid zeg. Je ontkent inderdaad niet de slechtheid en de boosaardigheid van diegene die tegen de gelovigen, uitmuntende mensen, strijdt met zoveel doortraptheid dat ook Petrus genoodzaakt werd in één nacht driemaal de Heer te verloochenen[50] en Thomas verhinderd werd te geloven in de verrezen Heer.[51] Maar deze wonden zijn verzorgd met het medicijn van de vergiffenis. Je weet wel wat een hoogmoed hij aan de dag legde toen hij onkruid mengde terwijl de Heer het beste graan zaaide[52] en toen hij Iscariot ontrukte aan zo een herder.[53] En om tot het uiterste te gaan, tot aan de misdaad van het kruis, vuurde hij de schriftgeleerden en de farizeeën aan om te roepen dat Barabbas vrijgelaten moest worden

[45] Cf. Gn 32,23-33.

[46] Cf. Joz 10,5; Cf. Augustinus, *Belijdenissen*, 11: de zon bleef stilstaan tijdens de strijd van de Israëlieten tegen de Amorieten.

[47] Het woord 'mengelmoes' geeft hier het Latijnse woord *pancarpus* weer. Etymologisch betekent *pancarpus*: 'gerecht bestaande uit allerlei soorten fruit'. Augustinus neemt het woord in deze betekenis op in zijn *Antwoord aan de manicheeër Secundinus*, 23.

[48] Cf. Gn 7.

[49] Cf. Kol 3,1-5; Cf. Augustinus, *Belijdenissen*, 3,4,8 en 3,6,10.

[50] Cf. Mt 26,69-75.

[51] Cf. Joh 20,24-29.

[52] Cf. Mt 13,25.

[53] Cf. Lc 22,3-4.

en Jezus gekruisigd moest worden.[54] Wij zijn dus aan hem ontsnapt omdat wij een spirituele Redder hebben gevolgd. Want de hoogmoed van satan is zo ver gegaan dat, als onze Heer vleselijk zou zijn geweest, al onze hoop afgesneden zou zijn.[55] En toch kon zelfs de schandvlek van het kruis hem niet verzadigen, want hij heeft zijn woede zo ver doorgedrukt dat hij, geheel buiten zichzelf, hem liet kronen met doornen[56] en hem deed drinken van azijn,[57] hem aan de ene kant met een lans van soldaten liet doorsteken,[58] en hem aan de andere kant, uit de mond van de misdadiger aan de linkerzijde, liet bespotten.[59] Maar zijn gemeenheid nam zulke proporties aan dat hij belemmeringen creëerde zowel voor de Redder zelf als voor zijn apostelen door – en dat is het ergste – hun naam aan alle bijgeloof te verbinden, dat is, aan het prestige van de naam 'katholiek'. En ik zwijg nog over hoe hij ieder van de leerlingen bewapende tegen de meesters, hoe hij Hymeneüs en Alexander[60] bedroog, en wat hij liet plaatsvinden in Antiochië, in Lystra en in Ikonium.[61] Ik beperk mij nu tot wat de menigte tegen-

[54] Cf. Mt 27,20-23.

[55] Voor het manicheïsme is er geen incarnatie en is Jezus niet echt mens (zie bv. Augustinus, *Belijdenissen*, 5,10,20). De manicheeërs zijn, zo zegt Secundinus, ontsnapt aan de machinaties van de duivel omdat Christus niet lijfelijk aan de duivel ten prooi gevallen is. Nadat Augustinus zich heeft losgemaakt van het manicheïsme vraagt hij zich af hoe Christus zijn zonden had kunnen teniet doen met een kruis waarop een schijnlichaam hing. Cf. Augustinus, *Belijdenissen* 5,9,10.

[56] Cf. Mt 27,29; Cf. Mc 15,17.

[57] Cf. Mt 27,48; Cf. Mc 15,36.

[58] Cf. Joh 19,34 – Het is merkwaardig dat Jezus' zijde al vóór zijn dood met een lans wordt doorboord. Volgens C. Peters en H. van Oort gaat dit terug op het *Diatessaron* van Tatianus. Er zijn evenwel ook nieuwtestamentische tekstgetuigen die een interpolatie hebben tussen Mt 27,49 en Mt 27,50 met daarin de vermelding van het doorboren van Jezus' zijde. manicheïsche hymnen bewijzen dat men in die kringen bekend was met de voorstelling dat Jezus al vóór zijn dood met een lans werd doorboord. Dat Secundinus afhankelijk is van het *Diatessaron* van Tatianus is daarmee niet bewezen. Van Oort (2001), p. 166; M. Kudella (2010), p. 345-346.

[59] Cf. Lc 23,39.

[60] Cf. 1 Tim 1,20.

[61] Cf. 2 Tim 3,11; Cf. Hnd 14,2.19; Cf. Apk 2,9-10.

woordig pleegt te doen. Dermate ver is de deugd van hen verwijderd dat ze dode letter is voor het volk. Want het is niet naar de deugd dat de massa komt, en in het bijzonder de massa van vrouwen. Maar ik ben er beducht voor om hun clandestiene praktijken publiekelijk te maken om te voorkomen dat de schandelijke en verachtelijke daden door anderen verdubbeld zouden worden. Het is evenwel zo dat het typerend is voor wijze mensen dat ze beide verdragen en om beide lachen, en dat ze zich slechts inspannen voor datgene wat gelukzaligheid verschaft en wat leven voortbrengt.

Oproep om terug te keren naar de manicheeërs

[5] En toch smeek ik je opnieuw en opnieuw, ik bid en ik smeek nogmaals, eerst, om mij te willen vergeven als mijn woorden je hart van goud hebben geraakt: want ik heb dit gedaan met al te veel enthousiasme omdat ik niet wil dat jij je van onze kudde losscheurt.[62] Toen ikzelf ervan afdwaalde, was ook ik bijna ten onder gegaan, als ik mij niet snel had losgerukt van die onrechtvaardige gemeenschap. Vervolgens zou ik willen dat je je verzoent met de gemeenschap die jou niets misdaan heeft, en ik zou willen dat je naar haar terugkeert: als je terugkeert, zal ze niet boos op je zijn omwille van je fout. Want zij heeft het in zich om meer dan zeven maal te vergeven.[63] Meer nog: ze heeft de macht om te verbinden en te ontbinden.[64]

Doe alsjeblief niet alsof je betast,[65] jij die al een hele tijd gezien hebt. Verlang er toch niet naar om les te krijgen, jij die les kunt

[62] Het lijkt erop dat Secundinus met de uitdrukking 'onze kudde' (*grex noster*) niet zozeer de manicheïsche wereldreligie bedoelt, als wel een afzonderlijke gemeente waarvan Augustinus lid was en die hij verlaten had. Mogelijk was dit de gemeenschap van manicheeërs te Rome. M. Kudella (2010), p. 190.

[63] Cf. Mt 18,21-22.

[64] Cf. Mt 18,18.

[65] Allusie op de apostel Thomas die de wonden van de verrezen Christus met zijn vingers wil betasten (Cf. Joh 20,24-29). Secundinus verwees reeds eerder naar het ongeloof van Thomas Cf. Secundinus, *Brief*, 4.

geven. Laat de roem van mensen varen, als je Christus wilt behagen.[66] Doe Paulus herleven in onze tijd: hoewel hij een Joodse wetgeleerde was, ontving hij van de Heer de genade van het apostolaat en minachtte hij zijn eigen belangen als afval met de bedoeling om Christus te winnen.[67] Help je ziel, die zo schitterend is, omdat je niet weet wanneer de dief zal komen.[68] Breng alsjeblief geen ornamenten aan bij de doden, omdat jij het ornament bent van de levenden. Hoed je ervoor een metgezel te zijn van de brede weg, want die verwacht de Amoriet, maar haast je naar de smalle weg om het eeuwig leven te bereiken.[69] Hou op, smeek ik je, Christus in te sluiten in een baarmoeder om te voorkomen dat je zelf opnieuw in een baarmoeder wordt opgesloten.[70] Hou op om van twee naturen slechts één te willen maken,[71] want het oordeel van de Heer nadert. Wee zij die het zullen ondergaan, want voor hen verandert wat zoet is in bitterheid.

[66] Voor dit thema, zie bijvoorbeeld: Augustinus, *Belijdenissen* 4,2,3; 4,14,22; 6,6,9.

[67] Cf. Fil 3,8.

[68] Cf. Mt 24,43.

[69] Cf. Mt 7,14.

[70] Het gaat over de incarnatie van Christus in de schoot van Maria. In zijn *Belijdenissen* 5,10,20 geeft Augustinus aan hoe hij als manicheeër niet kon geloven dat de Redder uit de maagd Maria geboren kon worden. Volgens zijn toenmalige manicheïsche opvattingen was een incarnatie ondenkbaar omdat dit een bezoedeling van de lichtmassa met het vlees zou impliceren. De Redder kwam immers te voorschijn uit deze lichtmassa. Secundinus zegt hier dat Augustinus, die intussen wel gelooft in de incarnatie van Christus, bij wijze van straf zelf gereïncarneerd zal worden. Over de drie mogelijke wegen van de ziel na de dood, cf. I. Gardner en S. N.C. Lieu (2004), p. 19.

[71] Bij Augustinus is het kwade geen substantie. Er is voor hem slechts één natuur, namelijk die van het goede.

Leerstellingen die niet voor de rede toegankelijk zijn

[**6**] Maar misschien heb jij twijfels over de oorsprong en misschien ben je onzeker over het begin van de strijd.[72] In dat geval zal men je uitleg kunnen geven in een debat van een dag en in een vreedzaam gesprek. Ik laat echter aan je zeer wijze goedheid weten dat er argumenten zijn die men niet kan uiteenzetten zodat ze begrepen worden. De goddelijke rede overstijgt immers het menselijke inzicht. Neem bijvoorbeeld de vraag over het bestaan van de twee naturen, of de vraag waarom degene die niets kon lijden een gevecht heeft geleverd, of de vraag over het nieuwe tijdperk, dat aan het huidige tijdperk herinnert.

Het nieuwe tijdperk wordt gevormd nadat de eerdere aarde door machtige bewegingen vergaan is.[73] Maar wie zou er nu toestaan dat er bij goddelijke zaken stukken weggesneden worden? Je schotelt een beeldspraak voor die de toehoorder moet interpreteren. Door de uitlegger worden de woorden in stukken gesneden. Door de toehoorder worden ze tot één geheel samengesteld. En hoewel de uitlegger vele woorden gesproken heeft die de toehoorder registreert en bij zich houdt, toch zijn ze de uitlegger niet ontgaan. Over dat tijdperk moet men ook zo denken, anders zou dat, zoals men zegt, 'heel dom en dwaas' zijn.

Zo is het ook met betrekking tot de strijd. Eerst moet men aannemen dat God absolute rechtvaardigheid is en dat het toppunt van misdadigheid erin bestaat het domein van een ander binnen te vallen. Wanneer nu de tegengestelde natuur zich bij het domein van God vervoegde, dan kon God weliswaar niets lijden, maar omdat hij vooraf de toekomst kende, zou het er alle schijn van hebben dat hij met de misdaad ingestemd had, als hij *geen* strijd leverde. En daarom bracht God een grote macht op de been tegen de aanvaller om te voorkomen dat zijn rechtvaardigheid bezoedeld

[72] Het gaat over de strijd tussen goed en kwaad, tussen licht en duisternis.

[73] Ik ben bij het vertalen uitgegaan van een dubbele enallage: *praeteritis* (= *praeteritae*) bij *terrae*, en *maximae* (= *maximis*) bij *motibus*. Dit wordt gesuggereerd door M. Kudella (2010), p. 240-241, noot 76.

zou raken door een instemming met heiligschennis.[74] Want hij heeft de rechtvaardigheid zo ingesteld dat hijzelf nooit zondigt noch ooit instemt met de zondaar. Er is ook deze uitspraak: God was binnen zijn eigen rijk machtig om in de natuur almachtige Rechter te zijn. Deze uitspraken stemmen niet overeen met wat God overkomen is, maar ze stemmen overeen met het feit dat ik niet in staat ben om het te begrijpen. Ze zijn nog niet voldoende om het ongeloof op een afstand te houden: niet voor de blinden gaat de zon op, niet door de doven wordt een stem gehoord en niet voor de doden worden er maaltijden klaargemaakt.

Men zegt dat het onmogelijk is om plaatsen aan naturen toe te wijzen.[75] Dit wil zeggen: voor mensen is het 'onbeschrijfelijk' en

[74] Deze grote macht (*magna virtus*) is in de mythologie de Oermens.

[75] Wellicht bedoelt Secundinus met de 'naturen' de twee rijken die ons bekend zijn uit de manicheïsche leer. Dat is ook de manier waarop Augustinus deze uitspraak opvat in zijn *Antwoord aan Secundinus* (§ 20). Hoewel we bij Secundinus lezen dat het 'onmogelijk is om aan naturen plaatsen toe te wijzen', strekt het rijk van het licht zich volgens manicheïsche bronnen oneindig uit naar links, naar rechts en naar boven. Het rijk van de duisternis grenst aan de zuidkant van het rijk van het licht en strekt zich tot in het oneindige uit naar onderen. Tussen beide bevindt zich nog een soort niemandsland. Hoe plastisch Augustinus zelf dacht, toen hij manicheeër was, staat bijvoorbeeld beschreven in Augustinus, *Belijdenissen* 5,10,20. Augustinus' beschrijving van de ruimtelijke positie van de twee rijken (zie bijvoorbeeld ook: Augustinus, *Tegen Mani's Brief 'Het fundament'*, 23,26; 25,28), stemt overeen met Griekse en Arabische bronnen. Secundinus' uitspraak hier stemt niet overeen met de manier waarop de primordiale staat meestal beschreven wordt. Er zijn meerdere mogelijkheden om dit te verklaren. Het zou kunnen dat Secundinus als toehoorder niet volledig op de hoogte was van de manicheïsche leer. Een andere mogelijkheid is dat de concrete beschrijving van de 'primordiale staat' aan de Perzische context toe te schrijven is en onbekend bleef in het westers manicheïsme. Ten slotte – en dat lijkt mij het meest waarschijnlijk – kan het zijn dat Secundinus met deze uitspraak Augustinus' visie wil weergeven (cf. *Belijdenissen* 3,7,12 en 7,1,1-2). Secundinus geeft in zijn brief niet aan wie deze uitspraak doet (De zinsnede wordt in het Latijn enkel ingeleid door *quod*). Hij duidt de uitspraak als 'het menselijk perspectief' van waaruit de leer over de naturen te moeilijk is om te vatten. Vanuit het goddelijke perspectief is het allemaal 'makkelijk' om te verstaan en vanuit dat perspectief blijft de manicheïsche dualistische leer volgens Secundinus overeind. Cf. M. Kudella (2010), p. 205 en 351-352.

'niet in woorden te vatten'. Maar de Redder, voor wie alles gemakkelijk is, noemt deze twee dingen: de 'rechterhand' en de 'linkerhand', 'binnen' en 'buiten', 'kom' en 'ga weg'.[76] Maar wanneer jij een vers maakt en de versmaat vastlegt – zoals: wereld (*orbis*), leven (*vita*), heil (*salus*), licht (*lumen*), wet (*lex*), orde (*ordo*), macht (*potestas*) – spreek jij een medeklinker uit als een klinker en maak je een lange lettergreep kort.[77] Maar deze twee naturen klinken niet zo! Ze betekenen ongetwijfeld twee verschillende en van elkaar onderscheiden zaken.

Afsluitende opmerkingen

[7] Maar wanneer ik zulke dingen aan jouw bewonderenswaardig en sublieme verstand uitleg, dan is het alsof de Jordaan haar water uitleent aan de oceaan, of een fakkel haar licht aan de zon, of een volk haar heiligheid aan de bisschop. Daarom moet men alles ondersteunen wat in deze brief staat. Want ook ik zou, als ik jouw goddelijke geduld niet zou gekend hebben, dat gemakkelijk geneigd is tot vergeving, jou nooit op deze manier geschreven hebben. Maar jij ziet wel in dat ik in het kort belangrijke thema's heb aangeraakt en dat ik alle mogelijke voorzorgen genomen heb om niet breedsprakig te lijken. Hopelijk heeft dit alles krediet gevonden bij je heiligheid, tezamen met de wijze waarop wij gered worden. Anders zou je op grond daarvan duizend boekvolumes kunnen voortbrengen, mijnheer, die terecht prijzenswaardig zijt en buitengewone eer verdient. Het ga je goed.

[76] Cf. Mt 25,31-46.

[77] Cf. Augustinus, *Belijdenissen*, 3,7,14 – Het gaat om een dactylische hexameter waarvan men vóór de cesuur in plaats van *ōr-bīs vī-tă să-lūs* verkeerdelijk *ōr-bĭ sŭ-ī tă să-lūs* zou kunnen lezen. Op een gelijkaardige manier beschuldigt Secundinus Augustinus ervan goed en kwaad niet duidelijk van elkaar te scheiden. R. Merkelbach (1991), p. 236; M. Kudella (2010), p. 245.

Antwoord aan de manicheeër Secundinus

Secundinus vergist zich, maar is van goede wil

[1] De welwillendheid ten aanzien van mij, die blijkt uit jouw brief, doet me plezier. Het is passend dat ik jou op mijn beurt genegenheid betoon. Toch ben ik ontstemd omdat jij je hardnekkig hebt vastgeklampt aan valse verdenkingen, gedeeltelijk tegenover mij, gedeeltelijk tegenover de waarheid zelf, die onveranderlijk is. Maar het feit dat je niet juist oordeelt over mijn gedachten relativeer ik gemakkelijk. Want je bemerkt iets wat men in een mens kan vinden, hoewel ik het niet in mezelf herken. Hoewel jij je dus vergist in mij, toch gebeurt dat niet in die mate dat je mening me uit het menselijke ras verwijdert. Want je gelooft over mij iets dat men kan vinden in de menselijke ziel, ook al is het onvindbaar in de mijne.

Het is dus niet nodig dat ik een grote inspanning lever om deze verdenking bij jou weg te nemen. Want het is niet zo dat jouw hoop van mij afhangt of dat jij slechts dan goed zult kunnen zijn, wanneer ik het ben. Denk van Augustinus wat je wilt, zolang mijn geweten mij maar niet beschuldigt ten overstaan van God. Want de apostel zei: *Het betekent weinig voor mij dat jullie een oordeel over mij vellen of dat een menselijke instelling dat doet.*[1] Maar ik zal jou niet met gelijke munt terugbetalen door over jouw geest iets te durven denken in je nadeel – iets dat ik niet kan zien. Evenmin beweer ik dat je mij geniepig wilde hekelen. Neen, ik vorm slechts een mening over jou op basis van wat jij over jezelf aangeeft in je brief. Om die reden geldt: hoewel je mij verdenkt van dingen die niet goed zijn, namelijk dat ik de manicheïsche ketterij verlaten heb uit vleselijke angst[2] voor enig nadeel dat mij zou kunnen over-

[1] 1 Kor 4,3.
[2] Cf. Secundinus, *Brief*, 2.

komen omdat ik tot jullie gemeenschap behoorde, of uit een verlangen naar aanzien,[3] dat ik in de katholieke kerk gekregen heb, dan nog denk ik op mijn beurt geen slechte dingen van jou, en ik geloof dat je verdenking goed bedoeld is. Ik ben van mening dat jij dit niet geschreven hebt om beschuldigingen tegen mij in te brengen, maar dat je dit gedaan hebt vanuit een verlangen om mij te corrigeren. Als je de welwillendheid aan de dag zou leggen om mij te geloven, dan zou je gemakkelijk je mening over mijn ziel herzien en niet langer onnadenkend bevestigen wat je niet weet. Je klaagt immers de verborgen diepten van mijn ziel aan en die kan ik onmogelijk voor je ogen zetten en laten zien.

Waarom Augustinus de manicheeërs verlaten heeft

[2] Ik geef toe, ik heb de manicheeërs verlaten uit angst, maar uit een angst die ingegeven is door de woorden van de apostel Paulus: *De geest zegt nadrukkelijk dat in de eindtijd sommigen het geloof zullen verlaten, doordat ze luisteren naar verleidelijke geesten en naar de leerstellingen van demonen die in huichelarij leugens vertellen. Ze zullen hun eigen geweten dichtschroeien. Ze zullen het huwelijk verbieden. Ze zullen voedsel ontzeggen, dat God geschapen heeft om door de gelovigen en door diegenen die de waarheid kennen onder dankzeggen te worden gegeten. Want al wat God geschapen heeft, is goed en niets is verwerpelijk wat onder dank wordt aanvaard.*[4] Met deze woorden heeft Paulus, hoewel misschien ook andere ketters, toch op de eerste plaats kort en duidelijk de manicheeërs beschreven. Vanuit deze vrees heb ik mij van die gemeenschap losgerukt, toen ik met mijn jeugdig verstand tamelijk laat tot inzicht kwam. Ik geef toe dat ik ook uit liefde voor eerbewijzen brandde, toen ik van daar ben weggegaan, maar liefde voor die eerbewijzen waarover dezelfde apostel zegt: *Glorie, eer en vrede aan iedereen die het goede doet.*[5] Wie zal

[3] Cf. Secundinus, *Brief*, 5.

[4] 1 Tim 4,1-4; Cf. Augustinus, *Antwoord aan Felix*, 7.

[5] Rom 2,10.

zich inspannen om het goede te doen, als hij het kwaad niet in een veranderlijke wil, maar in een onveranderlijke natuur lokaliseert? Vandaar ook de volgende woorden van de Heer zelf tot degenen die meenden iets goeds te zeggen, hoewel ze slecht waren: *Ofwel moeten jullie aannemen dat een boom goed is, en dan zijn ook zijn vruchten goed. Ofwel moeten jullie aannemen dat een boom slecht is, en dan zijn ook zijn vruchten slecht.*[6] Maar tot de mensen die slecht waren en goed geworden zijn, zei de apostel: *Want eens waren jullie duisternis, maar nu zijn jullie licht door jullie bestaan in de Heer.*[7]

Doel van het dispuut: focussen op de waarheid

Maar als jij me niet wilt geloven over mijn ziel, geloof dan zoals het je behaagt. Wees slechts bezorgd over wat je denkt over de waarheid zelf. Moge geen beproeving je in zijn greep nemen, tenzij een die voor mensen te dragen is.[8] Maar het is een menselijke fout te denken dat er in mijn ziel iets gebeurd is wat er had kunnen gebeurd zijn, ook al is dat niet het geval. Maar wanneer jij de goddeloze en niet alleen volledig foute, maar ook volledig bedrieglijke Perzische mythe – die vervlochten is met en samengesteld is uit de meest schandelijke leugens, niet over een of andere mens, maar over de hoogste God – als waarheid aanziet, dan kan ik dit niet laten passeren zoals de rest: ik kan zo'n grote dood van de ziel niet verwaarlozen. Dit is iets dat ik met jou kan behandelen. Want over mijn ziel kan ik alleen maar zeggen dat je me moet geloven en als je dat niet wilt, dan weet ik niet wat ik kan doen. Op eenzelfde manier is het zo dat men, wanneer jij iets verkeerds denkt over het licht zelf van de zielen, waarop de rationele geesten[9] hun blik gemakkelijker

[6] Mt 12,33.

[7] Ef 5,8.

[8] Cf. 1 Kor 10,13.

[9] Met de term 'rationele geest' (*mens rationalis*) duidt Augustinus het intellect aan. Andere termen zijn 'blik van de geest' (*acies mentis*) of 'oog van het hart' (*oculus cordis*). Hiermee wijdt de ziel zich aan de contemplatie. Op het *intellectus* valt het lichtgevende licht. R. Jolivet en J. Jourjon (1961), p. 786-787 (nr. 57).

laten rusten naarmate ze zuiverder zijn, niet aan jou kan uitleggen, zelfs als je aandachtig zou luisteren, hoe hemelsbreed datgene wat jij meent van de waarheid verwijderd is.[10] Want ik kan de gewaarwording van jouw oog niet waarnemen, evenmin kan jij die van mijn ogen waarnemen, maar we kunnen enkel elkaar wel of niet geloven op dit gebied. (Anders is het met het beeld dat zich zichtbaar aan de ogen van elk van ons aanbiedt: dat kunnen wij elkaar wel tonen.)[11] Op dezelfde manier zouden we elkaar moeten geloven, als het ons bevalt, met betrekking tot de affecten van onze zielen, die we als de onze hebben. Maar als het ons niet bevalt, laten we elkaar dan niet geloven. Maar wanneer het gaat over de aard van de waarheid, die noch de mijne, noch de jouwe is, maar die zich aan elk van ons ter contemplatie aandient, laten we er dan beiden op gelijke wijze, met een serene houding, aandacht aan geven zonder een nevel van koppigheid.

Jezus Christus, de koning van de lichten

[3] Ik zal geen andere argumenten voor je aanvoeren om de fout van Mani aan het licht te brengen dan de argumenten die ik aan je brief ontleen. Jij schrijft: 'Ik zeg van harte dank aan de onuitspreekbare en heiligste Majesteit en aan Jezus Christus, zijn eerstgeborene, de koning van alle lichten.'[12] Zeg mij: Van welke lichten is Jezus Christus de koning? Zijn het degene die hij heeft *gemaakt*, of

[10] Het bijwoord 'non' ontkent het werkwoord dat volgt: 'potest': er kan niet worden uitgelegd hoe ver datgene wat Secundinus meent, verwijderd is van de waarheid. Het gaat hier nog over het *beeld* van de waarheid bij Secundinus (cf. '*cum de ipsa luce animorum falsum aliquid existimas*'). Dat beeld is onderhevig aan de mate waarin de rationele ziel zuiverder is. Augustinus kan Secundinus' beeld niet zien.

[11] Ik heb deze zin tussen haakjes geplaatst om problemen bij de interpretatie te voorkomen. De zin tussen haakjes is een gedachte die de vorige zin moet verduidelijken door het contrast aan te geven. De volgende zin ('Op dezelfde manier ...') sluit inhoudelijk aan bij de zin die aan de haakjes voorafgaat ('Want ik kan de gewaarwording van jouw oog niet waarnemen ...').

[12] Secundinus, *Brief*, 1.

degene die hij heeft *voortgebracht*? Want wij zeggen namelijk dat God de Vader een Zoon heeft voortgebracht, gelijk aan zichzelf. Voorts zeggen wij dat God door hem geschapen heeft. Dat wil zeggen dat God een lager schepsel vervaardigd en gemaakt heeft – een schepping die natuurlijk niet hetzelfde is als diegene die ze heeft gemaakt en diegene door wie hij ze heeft gemaakt. En zo, aangezien hij door hem de eeuwen gemaakt heeft, wordt hij terecht door de apostel 'de koning van de eeuwen'[13] genoemd, als iemand hoger die heerst over het lagere en als iemand die de macht heeft om te heersen en als heersend over die dingen die heerschappij nodig hebben.

Maar jij, wanneer je Jezus Christus de 'koning van de lichten' noemt, waarom zijn die dan, als hij die heeft voortgebracht, niet gelijk aan degene die hen voortgebracht heeft? Als jij echter zegt dat zij gelijk zijn, hoe is hij dan hun koning, vermits een koning moet heersen, en het op geen enkele manier mogelijk is dat de wezens waarover wordt geregeerd, gelijk zijn aan hem door wie ze worden geregeerd? Maar als hij deze lichten niet heeft voortgebracht, maar heeft gemaakt, dan vraag ik jou waaruit hij ze heeft gemaakt. Als hij ze uit zichzelf heeft voortgebracht, waarom zijn ze dan inferieur? Waarom zijn ze tot iets slechters verworden? Als zij echter niet uit hem zijn, zeg me dan waar ze vandaan komen. Of heeft hij misschien de lichten waarover hij heerst noch gemaakt, noch voortgebracht? In dat geval hebben ze een eigen oorsprong en aard, maar één die in elk geval zwakker is, zodat ze verdragen of verlangen dat een krachtigere buur hen regeert. Maar als dat het geval is, begrijp je dan niet dat er – het volk van de duisternis niet meegerekend – al twee naturen zijn en dat de ene op de hulp van de andere aangewezen is, maar dat geen van beide afhangt van het grondbeginsel van de andere?

Deze mening zul jij natuurlijk afkeuren, omdat ze Mani helemaal tegenspreekt. Hij propageert dat de twee naturen niet bestaan uit de koning van het licht enerzijds, en de lichten die worden gere-

[13] Cf. 1 Tim 1,17.

geerd, anderzijds, maar dat ze bestaan uit het rijk van het licht en dat van de duisternis. Jij zult dus je toevlucht nemen tot de bewering dat deze lichten voortgebracht zijn. Wanneer ik je daarop zou vragen waarom ze zwakker zijn, zul je misschien proberen stellig te beweren dat ze gelijk zijn. Maar als ik je opnieuw vraag om welke reden zij geregeerd worden, zul jij ontkennen dat ze geregeerd worden. Hierop zal ik vragen: 'Waarom hebben zij dan een koning?' Op dit punt zie ik niet wat er voor een man met jouw talenten nog overblijft dan te betreuren dat je jezelf in je brief voor een impasse hebt geplaatst, waardoor je geen uitweg meer hebt!

Maar ook wanneer je spijt zou hebben en zou zeggen dat men Mani niet als weerlegd kan beschouwen omdat jij in je brief wat onvoorzichtig bent geweest, dan zou ik je uit de boeken van Mani ontelbare plaatsen citeren waar hij spreekt over het koninkrijk van het licht – dat hij van nature tegengesteld maakt aan het rijk van de duisternis, en waar hij niet spreekt over een 'koninkrijk', maar over 'koninkrijken'. Want precies in zijn *Brief 'Het fundament'*, dat zo bouwvallig is, zegt hij, wanneer hij over God de Vader spreekt: 'In zijn koninkrijken is niemand noodlijdend of zwak'.[14] Maar wie is er, overal waar er koninkrijken zijn, zo blind dat hij niet ziet dat het absoluut onmogelijk is dat de koningen gelijk zijn aan degenen waarover ze heersen? Wat dan is zo dichtbij – als je het maar zou willen bemerken – en zo passend bij de eerlijkheid van je hart dan dat je *geen* spijt hebt dat je dat in je brief gezet hebt?

Want het is volledig juist: Jezus Christus is de koning van de lichten, die op geen enkele manier zijn gelijken, maar zijn onderdanen zijn; en hij is de heerser van deze gelukzaligen. Het zou je eerder moeten ergeren dat er een Mani bestaan heeft: zijn misleidende spitsvondigheden worden door het waarheidsgetrouwe begin van je brief vernietigd, met één enkele stoot, krachtig zoals die van een ram! Tenslotte, Christus is de koning van de lichten en heeft niet uit zichzelf de ondergeschikten voortgebracht waarover hij koning is. En hij heeft geen lichten gevangen, die hij noch

[14] Cf. Mani, *Brief 'Het fundament'*, fragment 2,6 (ed. Stein).

voortgebracht noch gemaakt heeft met de bedoeling om over hen te heersen. Anders zouden er twee soorten goed zijn, waarvan geen van beide afkomstig is van de ander of de ander nodig heeft – een idee dat vreemd is aan het pad van de waarheid. Vandaar blijft overeind dat God de lichten, waarover hij heerst en die in ieder geval goed zijn, niet voortbracht, want ze zijn aan hem ondergeschikt; noch heeft hij ze in bezit genomen, want ze behoren hem al toe; maar hij maakte en schiep hen.

God heeft alle dingen uit het niets goed geschapen

[4] Als je wilt vragen waaruit hij hen gemaakt heeft, en je de hulp van een of andere materie begint te verzinnen die hij niet heeft gemaakt, – zodat het er in dit geval op lijkt dat de Almachtige niet maakt wat hij wilde, tenzij hij werd geholpen door iets dat hij niet had gemaakt –, dan zul je opnieuw ten prooi vallen aan de onontwarbare nevels van de dwaling. Op een nuchter ogenblik van inzicht daarentegen past men de profetische woorden bijzonder goed toe op de sublieme en onuitspreekbare Majesteit: *Op zijn bevel zijn zij gemaakt; op zijn bevel zijn zij geschapen.*[15] Op die manier zul je inzien dat, zoals we in het katholieke geloof zeggen, God uit het niets alle dingen zeer goed gemaakt heeft.[16] Als hij ze namelijk uit 'iets' maakte, dan maakte hij ze natuurlijk ofwel uit zichzelf ofwel niet uit zichzelf. Maar als het uit hemzelf was, dan heeft hij hen niet gemaakt, maar voortgebracht. Waarom heeft hij hen dan voortgebracht als ondergeschikten? Als ze immers niet ondergeschikt waren, dan kon hij hun koning niet zijn. Als het niet uit zichzelf was, dan was het zeker niet uit iets dat hijzelf niet gemaakt heeft. Anders maakte hij hen uit iets dat iemand anders toebehoort, en dan was er al iets goeds dat hijzelf niet had gemaakt om daaruit een koningschap voor zichzelf te vestigen. Maar als dat zo is, is hij niet de eerste om goede dingen te scheppen, omdat er al

[15] Ps 148,5.
[16] Cf. Gn 1,31.

iets goeds was dat hijzelf niet geschapen had. Want hij zou de lichten niet maken uit een vreemd kwaad om te heersen over hen. Daarom blijft de stelling overeind dat, als hij ze uit iets maakte, hij hen maakte uit wat hij zelf al had gemaakt.

Jezus Christus, eerstgeborene en eniggeborene

[5] En zo komt het dat we belijden dat God 'uit het niets' de eerste beginselen maakte van de dingen die hij ging scheppen. Maar misschien heb jij bij je uitspraak dat Jezus Christus de eerstgeborene is van de onuitspreekbare en meest heilige Majesteit, de term 'eerstgeborene' niet willen betrekken op zijn menswording:[17] volgens de apostel en volgens het katholieke geloof heeft hij zich verwaardigd om door adoptie geroepen broers te hebben, onder wie hij de eerstgeborene was.[18] Maar jij wilt Jezus Christus misschien eerder begrijpen als eerstgeborene in termen van de uitmuntendheid van de godheid, zodat die lichten waarover hij regeert zijn broers en zussen zijn, die de Vader niet gemaakt heeft door hem, maar die geboren zijn uit de Vader na hem. Op die manier zouden zij later geboren zijn, terwijl hij eerstgeboren zou zijn, hoewel allen zouden voortkomen uit dezelfde eigen substantie van de Vader. Als je dit gelooft, spreek je eerst en vooral de Bijbel tegen, waarin Christus ook 'eniggeboren' wordt genoemd. Er staat: *En wij hebben zijn heerlijkheid gezien, de grootheid van de eniggeboren Zoon van de Vader*[19] en dat zou op geen enkele manier correct gezegd zijn als *zijn eeuwigdurende kracht en goddelijkheid*,[20] waardoor hij uit dezelfde substantie is als de Vader en bestaat vóór elk schepsel, broers of zussen had uit dezelfde substantie. En zo, omdat Gods woorden getuigenis afleggen dat hij de eniggeborene en de eerstgeborene is – eniggeborene omdat hij geen broers of zussen heeft,

[17] Cf. Secundinus, *Brief*, 1.
[18] Cf. Rom 8,29.
[19] Joh 1,14.
[20] Rom 1,20.

maar eerstgeborene omdat hij broers en zussen heeft – zul jij geen manier vinden om te verstaan dat beide uitdrukkingen op hem betrekking hebben in termen van dezelfde natuur van de godheid.

Het katholieke geloof echter, dat onderscheid maakt tussen de Schepper en het schepsel, komt geen moeilijkheden tegen om deze twee uitdrukkingen te verstaan. Want het begrijpt dat hij de eniggeborene is overeenkomstig de woorden uit de Schrift: *In het begin was het Woord en het Woord was bij God en het Woord was God.*[21] En het begrijpt dat hij de eerstgeborene is van de gehele schepping in overeenstemming met de woorden van de apostel: *om de eerstgeborene te zijn onder vele broers en zussen,*[22] die de Vader voortbracht voor hem om een gemeenschap van broers en zussen te vormen, niet op grond van een gelijkheid in substantie, maar op grond van adoptie uit genade. Lees dus de Schriften. Je zult nergens vinden dat van Christus gezegd wordt dat hij de Zoon van God is door adoptie. Maar we lezen zeer vaak over onszelf: *Jullie hebben de Geest ontvangen om Gods kinderen te kunnen zijn;*[23] *in afwachting van de openbaring dat we kinderen van God zijn, de verlossing van ons sterfelijk bestaan;*[24] *opdat wij zijn kinderen zouden worden;*[25] *Hij heeft ons voorbestemd om zijn kinderen te worden;*[26] *een heilige natie, een volk dat God als zijn volk heeft aangenomen;*[27] *Hij heeft jullie geroepen door ons evangelie om zijn kinderen te worden tot de glorie van onze Heer Jezus Christus*[28] en andere zulke teksten die opkomen bij iemand die ze zich herinnert of die ze leest.[29] Want de enige Zoon van God zijn op grond van de verhevenheid van de Vader is één zaak; het is iets helemaal anders om op grond van de

[21] Joh 1,1.
[22] Rom 8,29.
[23] Rom 8,15.
[24] Rom 8,23.
[25] Gal 4,5.
[26] Ef 1,5.
[27] 1 Pe 2,9.
[28] 2 Tes 2,14.
[29] In al deze Bijbelcitaten is in het Latijn het woord *adoptio (filiorum)* gebruikt. Letterlijk betekent dit: 'de aanname (tot kinderen)'.

barmhartige genade de macht te ontvangen om kinderen van God te worden door in hem te geloven. *Hij heeft hen*, zegt de Schrift, *het voorrecht gegeven om kinderen van God te worden.*[30] Zij waren dus geen kinderen van nature, want zij ontvingen het voorrecht om kinderen te worden door te geloven in de enige Zoon, die *door de Vader niet gespaard bleef, maar die hij omwille van ons allen heeft prijsgegeven.*[31] Op die manier maakte God zijn Zoon in de goddelijke huishouding tot de eniggeborene en in relatie tot ons tot de eerstgeborene. Met betrekking tot het feit dat hij de eniggeborene is, geldt nu dat hij noch uit het vlees, *noch uit het bloed, noch uit de wil van een mens, noch uit de wil van het vlees, maar uit God geboren is.*[32] Maar met betrekking tot het feit dat hij de eerstgeborene werd van zijn broers en zussen in de kerk, geldt dat *het Woord vlees is geworden en onder ons verbleef.*[33] Voor zover wij eens 'kinderen van toorn' waren[34] – dat is kinderen van wraak, gebonden door de ketting van de sterfelijkheid, hoewel we geschapen en gevormd worden door God, die ongetwijfeld alle dingen regelt en vormt op maat, aantal en gewicht,[35] van de hoogste tot de laagste – zijn wij geboren uit vlees en bloed en uit de wil van het vlees. Maar voor zover wij *de macht* ontvangen hebben *om kinderen te worden van God,*[36] zijn wij niet geboren uit vlees en *bloed, noch uit de wil van een mens, noch uit de wil van het vlees, maar uit God*[37] – niet, natuurlijk, met een natuur die ons gelijk maakt aan hem, maar door de genade van de adoptie.

[30] Joh 1,12.

[31] Rom 8,32.

[32] Joh 1,13 – Augustinus past dit Bijbelcitaat hier toe op Christus. Enkele regels verder laat hij dit zelfde vers spreken over de christenen. Wellicht was Augustinus met beide versies, enkelvoud en meervoud, bekend. Cf. J. Galot (1969), p. 76-79.

[33] Joh 1,14.

[34] Cf. Ef 2,3.

[35] Cf. W 11,21.

[36] Joh 1,12.

[37] Joh 1,13.

De onmogelijkheid van tijdelijke en ruimtelijke emanaties uit God

[6] En verder: als ik zou toegeven dat Jezus Christus niet de enige Zoon van de Vader is volgens dezelfde goddelijke substantie, maar dat hij broers of zussen heeft die na hem geboren zijn, in relatie tot wie hij de eerstgeborene is – hoe kan hij dan hun koning zijn? Dat vraag ik je. Zou jij durven beweren dat hij des te sterker geboren is naarmate hij eerder geboren is? Ongetwijfeld zou je beschaamd zijn om zo te redeneren. Maar op die manier denk je niet. Wat gaat er dan wel in je hoofd om? Milder je eigenzinnigheid en stel je verzoenend op om de waarheid te beschouwen zonder koppigheid. Het volgende wil ik ook nog van jou vernemen: hoe stel jij je Jezus Christus als de eerstgeborene voor in die goddelijke, volmaakt goede en eeuwige substantie? Werd hij chronologisch als eerste geboren? We zouden ons dan moeten voorstellen dat degenen in relatie tot wie hij de eerstgeborene is, op een later tijdstip in dat rijk geboren zijn – zonder dat we kunnen aangeven met hoeveel uren, dagen, maanden of jaren hij die eerder geboren is, ouder is, maar wel zodat we ervan uitgaan dat die emanaties gescheiden zijn door een of ander interval of een tussentijd. Of moeten we verstaan dat hij niet in temporele zin de eerstgeborene was, maar in termen van de zeer sublieme en volstrekt majesteitelijke hoogheid zelf, waardoor hij het verdiende om ook koning te zijn over de lichten, zijn broers en zussen, zoals een telg die geboren is in een soort prinsdom? Als je antwoordt dat hij chronologisch eerder is en dat hij ouder is dan zijn broers en zussen, zodat je staande houdt dat het koningschap over zijn broers en zussen op hem is overgedragen op basis van het feit dat hij hen in geboorte voorafging en dat hij al op een punt in de tijd bestond toen zij nog niet bestonden: wat impliceer je dan, mijn broer? Zul jij dan je hart zover in deze afgrond van de goddeloosheid neerstorten dat je denkt dat temporele veranderlijkheid van toepassing is op die goddelijke en hoogste natuur en dat je gelooft dat daar iets bestond dat voordien niet bestond? Is het omdat de lichten vanuit deze natuur moesten oprukken (*progredi*) tegen de naties van de duisternis dat jij de naam 'progressies' aan deze emanaties geeft, waarvan

jij denkt dat ze in de tijd plaatsvonden met het oog op een strijd die uitgevochten zou worden in de tijd? Eén enkel licht kon dus niet volstaan om deze gezamenlijke krijgsonderneming met goddelijke macht ten uitvoer te brengen! Of moet men – als er vele lichten nodig waren – zich deze als spirituele entiteiten voorstellen? Of moeten wij aannemen dat de poort zo smal was dat zij niet allemaal tegelijkertijd naar buiten konden komen? En is het dan op grond van het feit dat één van hen als eerste tevoorschijn kwam, dat deze broer met recht en reden de benaming eerstgeborene kreeg en als koning over de anderen werd aangesteld?

Ik wil niet in detail elk punt afzonderlijk opnemen om je verstand, dat in staat is om vanuit enkele voorbeelden alles te bevatten, niet al te zeer tot last te zijn. Dus: Richt de blik van je verstand op! Veeg de nevels van de strijdzucht weg! Je zult onmiddellijk zien dat bewegingen, voortgangen, geboortes, sterfgevallen, of enige verandering in termen van plaats en tijd zich enkel kunnen voordoen in een veranderlijk schepsel! En bij dat alles: als dat schepsel niet van God als zijn maker en Schepper zou komen, dan zou de apostel niet gezegd hebben: *Ze hebben het geschapene vereerd en aanbeden in plaats van de Schepper, die moet worden geprezen tot in eeuwigheid.*[38]

Verschil tussen Schepper en schepsel

[7] In deze uitspraak namelijk zijn twee zaken vooral belangrijk en ik zou graag hebben dat jij er met mij naar kijkt. Ten eerste: Als het schepsel geen uitstaans zou hebben met God, dan zou de apostel God niet noemen als de Schepper ervan. En ten tweede: Als de Schepper en het schepsel uit een en dezelfde substantie zouden bestaan, dan zou hij deze mensen niet verwijten dat zij *het geschapene in plaats van de Schepper hebben aanbeden*, omdat, wat zij ook aanbaden, ze niet opgehouden zouden zijn dezelfde natuur en substantie te aanbidden. Want zoals niemand de Zoon kan dienen

[38] Rom 1,25.

als hij niet ook de Vader dient, omdat beiden dezelfde substantie hebben, zo kan niemand een schepsel dienen zonder ook de Schepper te dienen, als ze allebei dezelfde substantie zouden hebben. Als je op grond hiervan nu al tot inzicht en wijsheid komt, dan zul je opmerken dat er een zeer groot verschil bestaat tussen de Schepper en een schepsel, en je moet verstaan dat een schepsel niet het nageslacht is van de Schepper. Want als dat zo was, dan zou een schepsel niet inferieur zijn, maar gelijk aan God en uit dezelfde substantie, en omwille hiervan zou ieder die een schepsel aanbad en het diende, tegelijkertijd ook eerbied en dienst aanbieden aan zijn Schepper en Vader. Maar omdat zij die een schepsel aanbaden en dienden in plaats van de Schepper, door de apostel worden geblameerd en als verachtelijk worden beschouwd, is het voldoende duidelijk dat de substanties van Schepper en schepsel verschillend zijn. Want net zoals de Zoon niet gezien kan worden, dat is, begrepen kan worden, tenzij in hem ook de Vader wordt begrepen – hij zegt namelijk zelf: *Wie mij gezien heeft, heeft ook de Vader gezien*[39] – zo kan de Zoon niet aanbeden worden tenzij in hem eveneens de Vader wordt aanbeden. Daarom: als een schepsel de Zoon was, dan zou het niet mogelijk zijn om dit schepsel te aanbidden, zonder ook de Schepper te aanbidden, en dan zouden deze mensen niet veroordeeld zijn, die een schepsel eerder dan de Schepper aanbaden.

En zo zie je nu, denk ik, dat het niet bij jou past om te beweren dat Jezus Christus de eerstgeborene is uit de allerheiligste en onuitspreekbare Majesteit en dat hij de koning van alle lichten[40] is – tenzij je geen manicheeër meer zou zijn! In dat geval zou je een schepsel onderscheiden van de Schepper zodanig dat Jezus Christus enerzijds de eniggeboren Zoon is voor zover hij het Woord van God is, God met God,[41] op dezelfde manier onveranderlijk en op dezelfde manier eeuwig, waarbij hij het niet als een onrechtmatige

[39] Joh 14,9.
[40] Cf. Secundinus, *Brief*, 1.
[41] Cf. Joh 1,1.

toe-eigening beschouwt om gelijk te zijn aan God,[42] en zodanig dat Jezus Christus anderzijds *de eerstgeborene van de hele schepping* is voor zover *in hem alles geschapen is in de hemel en op de aarde, het zichtbare en het onzichtbare.*[43] Je herkent natuurlijk, naar ik aanneem, de woorden van de apostel aan de Kolossenzen.

Het schepsel is veranderlijk, de Schepper onveranderlijk. Gradaties van schepping.

[8] Daarom: Wanneer ik je vraag waaruit de gehele schepping werd gemaakt, die weliswaar goed is op haar manier, maar toch nog ondergeschikt is aan de Schepper en van haar kant veranderlijk is, terwijl de Schepper onveranderlijk blijft, dan zul je geen antwoord vinden tenzij je toegeeft dat de schepping uit het niets werd gemaakt. En omwille van deze reden kan die schepping neigen naar het niets wanneer ze – en wel het deel ervan dat kan zondigen – daadwerkelijk zondigt. Het resultaat is niet dat die schepping niets is, maar dat ze minder krachtig en minder sterk is. Want, als je het 'minder krachtig zijn' en het 'minder sterk zijn' tot het uiterste doordrijft, dan blijft er 'niets' over. Dat schepsel houdt dus *gewillig* van ijdelheid wanneer het de standvastigheid van de waarheid verlaat en vermoedens, dus veranderlijke dingen, najaagt. Maar wanneer het vervolgens de straffen inlost die het hiervoor heeft verdiend, dan wordt het *tegen zijn wil* onderdanig gemaakt aan ijdelheid, juist zoals de schepping onderdanig gemaakt wordt aan ijdelheid in een mens die zondigt. Daarom zegt de apostel: *De gehele schepping is ten prooi aan zinloosheid, niet uit eigen wil.*[44] De 'gehele schepping' is immers ook aanwezig is in een menselijk wezen. Er is in een mens uiteraard iets onzichtbaars aanwezig in termen van de ziel en iets zichtbaars in termen van het lichaam. 'De gehele schepping' is gedeeltelijk zichtbaar en gedeeltelijk

[42] Cf. Fil 2,6.
[43] Kol 1,15-16.
[44] Rom 8,20.

onzichtbaar. Toch is niet 'de gehele schepping' aanwezig in het vee: het intellect ontbreekt daar. Met het oog op de hoop inderdaad, zegt de apostel, is de schepping onderworpen – hoop op grond van de barmhartigheid van degene die bevrijdt door middel van de vergiffenis van de zonden en door middel van de adoptie uit genade.[45]

De schepping van de Vader, door de Zoon, in de goedheid van de Heilige Geest – de Drie-eenheid, die altijd één in wezen blijft, eeuwig en onveranderlijk – is uit het niets gemaakt en ze is weliswaar goed, maar ze is niet gelijk aan de Schepper en ze is onderworpen aan verandering. Als jij echter weigert om dit toe te geven, dan kan het niet anders dan dat je heiligschennende uitspraken doet. Bijvoorbeeld: dat God uit zichzelf iets voortgebracht heeft dat niet gelijk is aan zijn voortbrenger en dat onderworpen kan worden aan vergankelijkheid. Een andere mogelijkheid: als jij zegt dat wat God voortbracht, gelijk is aan God, en je zou impliceren dat beiden veranderlijk zijn. Bestaat er een grotere goddeloosheid dan dit te geloven en te zeggen, en dan liever, in een verkeerde opvatting, God slechter te willen maken dan, door juist te redeneren, zichzelf te veranderen in een beter iemand? Mocht jij er echter voor terugdeinzen om te beweren dat God veranderlijk is, omdat zo een uitspraak echt een grote en heel duidelijke goddeloosheid is, en je zou beweren dat de schepping ook onveranderlijk is – zodat je haar gelijk maakt aan de Schepper en van een en dezelfde substantie – dan zal je eigen brief opnieuw een antwoord geven aan jou. Want waar komt die ziel vandaan die jij plaatst te midden van de geesten en waarvan jij zegt dat haar eigen natuur haar vanaf het begin de overwinning heeft gegeven?[46] En je stippelde er een weg en een voorwaarde voor uit: 'Als ze samen met de geest van de deugden handelt, dan zal ze samen met hem het eeuwig leven hebben en dan zal ze het rijk bezitten waartoe onze Heer uitnodigt. Als ze echter begint met zich te laten meesleuren door de geest van de ondeugden en ermee instemt, en na de instemming openlijk berouw toont,

[45] Cf. Rom 8,20-21.

[46] Cf. Secundinus, *Brief*, 2.

dan zal ze een bron van lankmoedigheid vinden voor haar bezoedelingen.'[47] Je erkent ongetwijfeld deze woorden uit je brief, en je erkent ook tegelijkertijd dat je de aard van de ziel als veranderlijk hebt gekenmerkt.[48] Want een keer instemmen met de geest van de ondeugden en opnieuw berouw tonen – wat is dat anders dan een keer in het betere, een andere keer in het slechtere te veranderen? Het is de volkomen heldere waarheid die jou ook tot deze toegeving heeft gedwongen. Want als je het zou willen ontkennen, dan zou je ziel zelf jou dwingen om haar veranderlijkheid op te merken, en zou ze – nadat ze zo vaak, sinds jij geboren bent, veranderd is door verschillende verlangens, leerstellingen, momenten van vergetelheid, en handelingen van instemming – over zichzelf getuigenis afleggen en zou ze niet naar bewijzen van elders vragen.

Betekenis van onveranderlijkheid. Onveranderlijkheid van Vader en Zoon

[9] Of misschien denk je steun te vinden in de bewering dat de ziel onveranderlijk is. Want aansluitend schreef je dat de ziel niet uit haar eigen wil zondigde, maar onder het leiderschap van een ander: 'Want zij wordt geleid door een vermenging met het vlees, niet door haar eigen wil.'[49] Mogelijk wil je dat deze zin zo begrepen wordt dat de ziel in haar eigen natuur weliswaar onveranderlijk is, maar omwille van haar vermenging met een andere natuur veranderlijk is – alsof we vroegen naar het waarom en niet naar een

[47] Secundinus, *Brief*, 2.

[48] Augustinus, die zich voorgenomen heeft om Secundinus' brief te weerleggen op basis van de inhoud van de brief zelf (zie § 3), zal zich hier toespitsen op de veranderlijkheid van de ziel, en gaat hier dus niet in op de (volgens hem manicheïsche) leer van de 'twee zielen', zoals hij dat gedaan heeft in andere antimanicheïsche geschriften (o.a. *Over de ware godsdienst*, *Over de twee zielen*). Deze leer kan overigens helemaal niet beschouwd worden als een vaststaand dogma binnen het manicheïsme, al kan een latere particuliere interpretatie nooit volledig uitgesloten worden. C. Giuffré Scibona (2011), 385-386

[49] Secundinus, *Brief*, 2.

gegeven werkelijkheid. Op deze manier zou men nu ook de lichamen van Hector en Ajax, ja zelfs de lichamen van alle mensen en levende wezens als onkwetsbaar kunnen bestempelen, als er zich geen rampen en tegenslagen voordeden die een wonde op hen konden aanbrengen. Maar natuurlijk wordt alleen het lichaam van Achilles onkwetsbaar genoemd, hetzij op grond van dichterlijke fictie, hetzij op grond van een of andere meer verborgen kracht in de dingen. Want zelfs wanneer de wapens hem troffen, werd hij niet doorboord – en toch: op die plaats waar hij doorboord *kon* worden, was hij absoluut *niet* onkwetsbaar.[50] Indien de ziel op deze manier Op dezelfde manier geldt voor de ziel: net zoals een lichaam, dat werkelijk onkwetsbaar is, niet gekwetst kan worden door het contact met of het inbeuken van een zaak, zo kan de ziel, gesteld dat ze onveranderbaar zou zijn, door geen vermenging met een of andere zaak veranderd worden.

En zo is het ook in ons geloof: omdat we zeggen dat het Woord van God niet bevlekt kan worden – zelfs niet nadat hij het sterfelijke en kwetsbare vlees aangenomen had om ons te leren om zowel de dood als alle lichamelijke tegenspoed als onbelangrijk te beschouwen – zijn wij niet bang om te geloven dat hij uit een

[50] Achilles, Ajax en Hektor zijn drie beroemde mythologische helden uit de Trojaanse oorlog waarvan het laatste jaar beschreven staat in Homerus' *Ilias*. Achilles, de zoon van Peleus en zeenimf Thetis, vocht langs Griekse kant. Latere legendes maken hem onkwetsbaar, behalve in zijn hiel. De meest populaire versie stelt dat Achilles als baby door zijn moeder in het water van de Styx ondergedompeld werd. Het was de bedoeling Achilles op die manier onkwetsbaar te maken. Enkel aan zijn hiel, de plaats waar Thetis hem vasthield, bleef hij zwak. Na Achilles, was Ajax, de zoon van Telamon, bij de Grieken de dapperste en sterkste held. Hij was groot van gestalte en raakte niet gewond bij de gevechten die beschreven staan in de *Ilias*. Ook hij krijgt in de latere legendevorming het statuut van onkwetsbare. Hektor, de zoon van koning Priamos, was een Trojaanse held. Hij voerde een tweegevecht tegen Ajax, een strijd die gestaakt werd omdat het te donker werd, en kwam aan zijn einde in een tweegevecht met Achilles. Het lijk van Hektor werd toen achter Achilles' strijdwagen drie maal rond de stad gesleept. Achilles wilde dat Hektors lijk aas voor de honden zou zijn, maar zijn lichaam bleef onaangetast. *Der Neue Pauly*, vol. 1, col. 76-82; col. 309-311; vol. 5, col. 275-277.

maagd werd geboren. Maar jullie geloven met een schandalige perversiteit dat de Zoon van God bevlekt kan worden, en daarom zijn jullie bang om hem aan het vlees over te laten. En nochtans, door te beweren dat zijn substantie identiek is aan de natuur van de ziel,[51] bevestigen jullie zijn vermenging met het vlees op zo'n manier dat jullie zelfs niet terugschrikken voor de gedachte dat hij in iets slechters is veranderd.

Kies dan wat je wilt. Ofwel zeg en geloof je dat God veranderlijk is, zodat je eveneens gelooft dat uit de veranderlijke substantie van de Vader een veranderlijke Zoon geboren is. Wat een grote goddeloosheid dit is, zie je zeker wel. Ofwel zeg je dat God onveranderlijk is, maar toch een veranderlijke Zoon voortbracht uit zijn eigen substantie. Niettemin besef je hoe goddeloos en absurd ook deze uitspraak is. Ofwel geef je toe dat God onveranderlijk is, zodanig dat ook wat hij uit zijn eigen substantie heeft voortgebracht zich op gelijke wijze niet verandert en eveneens hoogste en voortreffelijkste goed is en van zijn kant in dezelfde mate met een onschendbare blijvendheid op de hoogste manier bestaat; maar dat hij de overige goede dingen, die aan hem ondergeschikt zijn en die we schepping noemen, niet uit zichzelf schiep – want dan zouden ze aan hem gelijk zijn – maar dat hij ze toch, omdat het goede dingen zijn, zelf geschapen heeft en dat hij ze, omdat ze niet gelijk zijn aan hem, uit het niets geschapen heeft. Als je dit gelooft, dan zul je niet langer goddeloos zijn, dan zul je de Pers vergeten en bij ons horen.

[51] Augustinus bedoelt dat de manicheeërs de goddelijke substantie gelijkstellen met de menselijke ziel. De manicheeërs maken volgens de kerkvader geen onderscheid tussen de natuur van God en de lichtsubstanties die uit hem voortkomen. Vgl. Augustinus, *Genesis naar de letter* 7,11,17: 'Ze [= de manicheeërs] beweren dat de ziel niets anders is dan de substantie zelf van God, zodat het werkelijk identiek is aan dat wat God is. Ze aarzelen niet om te beweren dat de ziel op zo een schandelijke manier veranderlijk is, dat er geen soort gras of soort worm bestaat, waarin de ziel niet vermengd is.' (mijn vertaling). Cf. Kudella (2010), p. 355.

Manicheïsch dualisme tegenover Augustinus' trapsgewijze zijnsleer

[**10,1**] Maar nu zegt de apostel: *Onze strijd is niet gericht tegen vlees en bloed maar tegen prinsen en machten,*[52] die vrome zielen een terugkeer benijden door hen in hun goddeloze plan te verleiden naar een liefde voor eigendunk en roem.

Maar het verschil tussen jullie opvatting en ons geloof is als volgt. Jullie denken dat deze prinsen ontstaan zijn uit een of andere natuur van zichzelf, die God niet voortgebracht noch gemaakt heeft, maar die hij naast zich had als een eeuwige buur. Zij hadden oorlog gevoerd tegen God en hem vervolgens, vóór de vermenging van goed en kwaad, het grote kwaad van de noodzaak toegevoegd. Want hij werd gedwongen om zijn eigen substantie te vermengen met hen zodat ze beschadigd zou worden, in de war gebracht, in dwaling veranderd, en volledig ondergedompeld zou zijn in de vergetelheid van zichzelf. Nadien had God iemand nodig om hem te bevrijden, te verbeteren, te repareren en te onderwijzen! Je ziet wat een dwaas en bizar gezwets dit is en in welke grote misdaad van goddeloosheid het de praatjesmaker verstrikt!

Wij echter zijn er door het christelijk geloof van overtuigd dat er niets is dat tegengesteld is aan God, die bestaat op de hoogste manier – behalve wat helemaal niet bestaat; maar dat alles wat op een of andere manier bestaat, dit bestaan (van welke aard het ook is) heeft van diegene die bestaat op de hoogste manier, en dat het ieder in zijn soort goed is. Maar sommige dingen bestaan in een hogere graad en andere in een lagere graad. Op die manier zijn alle goede dingen die God de Schepper gemaakt heeft, gerangschikt in bepaalde en van elkaar onderscheiden rangen: deels op basis van afstanden en posities, zoals alle lichamelijke dingen; deels op basis van de verdiensten van hun natuur, zoals de ziel verkozen wordt boven het lichaam; deels op basis van de verdiensten in de vorm van beloningen en straffen, zoals een ziel ofwel opgericht wordt om te rusten ofwel aan pijnen onderworpen wordt. En

[52] Ef 6,12; Cf. Secundinus, *Brief*, 1.

daarom ondergaan deze prinsen, tegen wie de apostel zegt dat we moeten strijden,[53] de straf voor hun zonden vooraleer ze schade berokkenen. Ieder haatdragend persoon is immers eerst een kwelling voor zichzelf vooraleer hij iemand anders kwaad doet. Maar de sterkeren berokkenen kwaad aan de zwakkeren. Want niemand overwint een ander behalve in de mate dat hij krachtiger is. En desalniettemin zijn de slechte prinsen zelf zwakker dan wanneer zij in hun vorige staat en in de rechtvaardigheid waren gebleven.

Het maakt evenwel verschil, in welk opzicht iemand sterker is dan iemand anders – of het in termen van het lichaam is, zoals paarden sterker zijn dan menselijke wezens; of in termen van de aard van de ziel, zoals een rationeel wezen krachtiger is dan een wezen zonder verstand; of in termen van de toestand van de ziel, zoals een rechtvaardig persoon krachtiger is dan een onrechtvaardig iemand; of in termen van een machtspositie, zoals een keizer machtiger is dan een soldaat of een provinciale beambte. Macht wordt echter – zo zegt het geloof – geheel en al verleend door de hoogste macht, die van God. Vaak gebeurt het zelfs dat slechtere personen macht krijgen over betere mensen. Met andere woorden: onrechtvaardige personen krijgen macht over mensen die ofwel al rechtvaardigheid bezitten of die ernaar streven om het te bezitten. Want de macht wordt gegeven met dit doel: opdat de mensen die door volharding de proef van de deugd doorstaan hebben, geopenbaard zouden worden,[54] ofwel aan henzelf om hen hoop te geven, ofwel aan anderen als een voorbeeld om te imiteren. De apostel zegt: *We weten dat ellende tot volharding leidt, volharding tot beproefde deugd, en beproefde deugd tot hoop.*[55] Het is dit soort strijd die een gelovige mens levert tegen de prinsen en machten van de gevallen engelen en tegen de geesten van het kwaad[56] wanneer zij de kracht ontvangen om hem te tarten en wanneer de gelovige mens de opdracht krijgt om dit te ondergaan. Zo komt het dat deze geesten

[53] Cf. Ef 6,12.
[54] Cf. 1 Kor 11,19.
[55] Rom 5,3-4.
[56] Cf. Ef 6,12.

iets zwakkers overwinnen, maar dat ze worden overwonnen door iets krachtigers. Meestal overwinnen zij het zwakkere lichaam, maar worden zij overwonnen door de sterkere geest.

Wij vechten tegen hun kracht met geduld en tegen hun hinderlagen met voorzichtigheid, zodat zij ons niet doen neigen naar verderfelijke instemming door kracht te gebruiken en ons niet misleiden door bedriegerij. Omdat het echter door de kracht en wijsheid van God[57] is dat alle dingen gemaakt zijn, daarom geldt binnen het geschapene: wanneer de hogere wezens neerdalen naar lagere graden, waar alle zonde is en alles wat kwaad wordt genoemd, dan bootst geweld macht na en bedriegerij bootst wijsheid na. Wanneer echter zij die neergedaald zijn, ronddraaien en terugkeren, dan bootst grootheid van het hart macht na en geleerdheid bootst wijsheid na. Zelfs met God de Vader gaat het zo: de zondaars bootsen hem na in hun goddeloze trots, de rechtvaardigen bootsen hem na door hun vrome generositeit. De Heilige Geest tenslotte wordt door de hebzucht van de onrechtvaardigen en door de liefde van de rechtvaardigen nagebootst. Beide groepen starten echter van de nabootsing van God, uit wie en door wie en in wie[58] deze naturen gemaakt zijn: de eerste door een zondevolle nabootsing, de laatste door een prijzenswaardige nabootsing. En het is niet verwonderlijk dat, wanneer zij die vooruitgang maken, en zij die mislukken, in conflict komen, de nabootsing van zij die mislukken, moet onderdoen voor de nabootsing van zij die vooruitgang maken. Want de eersten komen door hun hoogmoed ten val,[59] de laatsten gaan omhoog door hun nederigheid.[60]

[10,2] Voor het geval nu de vraag je bezighoudt waarom mensen die geestelijk sterker zijn lichamelijk zwakker zijn: het is niet verbazingwekkend dat mensen die door de vergeving van hun zonden vrij zijn, op grond van de sterfelijkheid van hun lichaam

[57] Cf. 1 Kor 1,24.

[58] Cf. Rom 11,36.

[59] Cf. Spr 16,18.

[60] Voor het thema van de geperverteerde nabootsing, cf.: Augustinus, *Belijdenissen*, 2.6.13; J. Fruytier (1956), p. 270-279.

geplaagd worden. Met de onsterfelijkheid van het lichaam zullen zij bekroond worden. Het is immers niet gemakkelijk de straf te doorstaan – tenzij hij die verlost is van het lichaam, door zijn verdiensten heeft gezegevierd. Omwille van deze reden zegt de apostel: *Als Christus echter in jullie leeft, is het lichaam weliswaar sterfelijk omwille van de zonde, maar de geest is leven omwille van de rechtvaardigheid. Want als de Geest van hem die Jezus Christus uit de dood heeft opgewekt in jullie woont, zal hij die Jezus Christus uit de dood heeft opgewekt, ook jullie sterfelijke lichamen levend maken door zijn Geest, die in jullie leeft.*[61] Als de ziel dan, die sterfelijk vlees met zich meedraagt als een straf voor de zonde, zich gebeterd heeft en niet langer in overeenstemming met het sterfelijke vlees leeft, dan zal ze ook dat vlees beter maken en verdienen om een onsterfelijk lichaam te hebben. Maar dit zal gebeuren op het einde *wanneer de laatste vijand, de dood, vernietigd zal zijn,*[62] wanneer dit vergankelijke lichaam onvergankelijk zal zijn,[63] niet door die mythische bolvormige massa[64] van jou, maar in de gedaanteverwisseling waarvan de apostel zegt: *Wij zullen allemaal verrijzen, maar niet allemaal veranderd worden.*[65] Want, nadat hij gezegd had: *De doden zullen verrijzen met een onvergankelijk lichaam en wij zullen worden veran-*

[61] Rom 8,10-11.

[62] Cf. 1 Kor 15,26.

[63] Cf. 1 Kor 15,24.

[64] 'Bolvormige massa' is de weergave van het Latijnse *globus*, dat het equivalent is van het Griekse βῶλος, *bôlos* (zie ook § 10,2 en § 24). De manicheeërs geloofden dat de machten van het kwaad op het einde van de tijden onderworpen zouden worden. De vrouwelijke demonen zouden worden opgesloten in een graf. De mannelijke demonen zouden voor eeuwig in een bolvormige massa (*globus* of βῶλος, *bôlos*) vast komen te zitten. Door de scheiding van de seksen zouden de krachten van de duisternis zich niet meer kunnen voortplanten. De zielen van degenen die de religie van het licht geweigerd hadden, zouden aan de buitenkant van deze bolvormige massa worden aangehecht. Zij zijn de bewakers van de krachten van de duisternis die in de bol opgesloten zitten. Augustinus, die het manicheïsche systeem ridiculiseert, besluit dat op die manier God zelf, in de gestalte van de niet verloste zielen aan de buitenkant van de bol, een eeuwige straf ondergaat, zonder dat hem enige schuld treft. B. Bennett (2011), p. 427-440.

[65] 1 Kor 15,51.

derd,[66] voegde hij eraan toe om duidelijk te maken over welke soort van verandering hij sprak: *Want het vergankelijke lichaam moet worden bekleed met het onvergankelijke, het sterfelijke lichaam met het onsterfelijke.*[67] Hij besprak natuurlijk de kwestie van het lichaam van diegenen die verrijzen. Hij had deze vraag als volgt gesteld: *Nu zou iemand kunnen vragen: 'Maar hoe zullen de doden verrijzen? Met welk lichaam zullen zij komen?'*[68] Lees daarom de hele passage aandachtig en met vrome aandacht, niet verstoord door halsstarrige twistzucht, en voor zover God je verstand te hulp komt, zul je, zonder een uitlegger nodig te hebben, niets anders aantreffen dan wat ik zeg. En roep je geest dan terug naar het oorspronkelijk plan van dit betoog en zie nu, als je kunt, dat ik niet beweer dat de rechtvaardigen tegen niets strijden,[69] maar tegen deze substanties die afgenomen zijn omdat zij niet in de waarheid bleven staan.

Neiging naar het niets en verlies van zijn

[11] Afnemen is echter nog niet 'niets', maar 'naar niets neigen'. Wanneer namelijk wat bestaat op een hoger niveau, neerdaalt naar wat bestaat op een lager niveau, dan zijn het niet de dingen waar naartoe ze neerkomen, maar de dingen die naar beneden gaan, die afnemen en minder beginnen te zijn dan ze waren – weliswaar niet zodanig dat ze die dingen worden waarnaar ze neergekomen zijn, maar ze worden wel minder in verhouding tot hun eigen soort. Want wanneer de ziel neerdaalt naar het lichaam, wordt ze geen lichaam, maar desalniettemin wordt ze in zekere zin lichamelijk omwille van haar afnemende tendens. Zo ook verging het de verhevenheid van een bepaalde engel: naarmate hij, zich op zichzelf

[66] 1 Kor 15,52.

[67] 1 Kor 15,53.

[68] 1 Kor 15,35.

[69] Augustinus verwijst terug naar het begin van 10,1, waar hij het onderwerp van de christelijke strijd aansnijdt. Hij verwijst eveneens naar 'wat te bewijzen was', namelijk dat de rechtvaardigen niet tegen 'niets' strijden, zoals Secundinus in zijn brief beweerd had.

baserend, meer genoegen schepte in zijn eigen heerschappij, keerde hij zijn liefde neerwaarts, naar wat minder was, en begon hij minder te zijn dan hij was en neigde hij naar het niets in overeenstemming met zijn eigen niveau. Want elk ding is dichter bij het niets in de mate dat het minder is. Maar wanneer deze zijnsverminderingen vrijwillig zijn, dan worden ze terecht berispt en zonden genoemd, maar wanneer zorgen, moeilijkheden, pijnen en tegenslagen – alles wat we te lijden krijgen tegen onze zin – op deze vrijwillige zijnsverminderingen volgen, dan worden de zonden volkomen terecht door middel van straffen beteugeld of door beproevingen uitgeboet.

Als je dit met een kalme ingesteldheid zou willen bekijken, dan zou je onmiddellijk ophouden om naturen te beschuldigen en aanklachten in te brengen tegen de substanties zelf. Maar als je een uitvoerigere en helderdere uitleg hiervan wilt, lees dan mijn drie boeken met de titel *Over de vrije wilskeuze*, die je kunt vinden in Campanië te Nola, in het huis van Paulinus, de nobele dienaar van God.[70]

Het kwaad is geen substantie

[12] Nu moet ik er echter aan denken dat ik aan het antwoorden ben op jouw brief met een brief, hoewel met een veel langere. Natuurlijk heb ik in andere werken vele punten behandeld zodat ik

[70] Paulinus (ca. 355-431) verbleef vanaf 395 in Nola waar hij tussen 404 en 413 bisschop werd. Augustinus en Paulinus hebben elkaar nooit ontmoet, maar ze correspondeerden wel met elkaar gedurende meer dan 25 jaar. Uit hun briefwisseling weten we dat Paulinus via Alypius vijf antimanicheïsche boeken van Augustinus had ontvangen. Deze boeken waren 'voor het nut van de kerk in vele steden'. (Paulinus, *Brief 3*; *Brief 4*; *Brief 6*). Augustinus vermeldt in een van zijn brieven dat Paulinus zijn werk *Over de ware godsdienst* gelezen heeft. (Augustinus, *Brief 27*). Samen met een andere brief sluit Augustinus een kopie bij van zijn werk *Over de vrije wilskeuze* (Augustinus, *Brief 31*). Mogelijk was Paulinus' klooster een officiële bewaarplaats voor Augustinus' werken in het Italische gebied. P. Courcelle (1951), p. 269; M. Kudella (2010), 359; J.T. Lienhard, 'Paulinus of Nola', in: A.D. Fitzgerald (1999), 628-629.

niet overal hetzelfde hoef te herhalen. Maar ik had beloofd om je op basis van je brief ervan te overtuigen hoe vals het is wat je tot nu toe hebt geloofd en hoe waarheidsgetrouw de formulering van het katholieke geloof is. Het grote verschil tussen ons is zeker dat jullie beweren dat het kwaad een soort van substantie is, terwijl wij daarentegen zeggen dat het kwaad niet een substantie is, maar een neiging die wegvoert van wat bestaat in een hogere graad en gericht is op wat bestaat in een lagere graad.

Luister dan ook naar je eigen onderrichtingen. Want je schrijft in je brief over de ziel en zegt dat ze 'door haar vermenging met het vlees geleid wordt' naar de zonde, 'niet door haar eigen wil',[71] en je zag daar onmiddellijk, denk ik, dat, als dat zo is, de almachtige God gewoonweg *elke* ziel moest komen helpen en dat absoluut geen enkele ziel veroordeeld mag worden aangezien geen enkele ziel door zijn eigen wil zondigde. En met deze vaststelling wordt de verschrikkelijke uitspraak van Mani onderuit gehaald: hij sprak over de straf van de zielen, zelfs als ze van de kant van het licht komen. Vandaar dat jij met grote waakzaamheid toevoegde: 'Maar als ze, hoewel ze zichzelf herkend heeft, instemt met het kwaad en zich niet wapent tegen de vijand, dan heeft zij uit eigen wil gezondigd.'[72] Het is natuurlijk goed dat je uiteindelijk toegeeft dat het mogelijk is dat de ziel door haar eigen wil zondigt. Maar met welk kwaad stemt ze dan in wanneer ze zondigt door haar eigen wil? Toch zeker dat waarvan jij zegt dat het een substantie is!

De instemming met het kwaad is geen substantie

[13] Maar ik zie nu al een drietal dingen, en ook jij ziet het – naar ik meen – samen met mij: de ziel die instemt met kwaad en het kwaad waarmee ze instemt zijn twee zaken. Een derde zaak echter is de instemming zelf, want je zegt niet dat ook de instemming de ziel is, maar dat het de instemming is van de ziel! Zie dan: van deze

[71] Secundinus, *Brief*, 2.
[72] Secundinus, *Brief*, 2.

drie zaken is de ziel een substantie; ook dat kwaad waarmee de ziel instemt wanneer ze vrijwillig zondigt, is, naar jouw mening, een substantie. Ik vraag je dan: wat is de instemming zelf? Ofwel zeggen jullie dat ze zelf een substantie is, ofwel zeggen jullie dat ze *in* een substantie is. Zeg je namelijk dat ze een substantie is, dan ga niet meer uit van twee substanties, maar van drie. Of neem je misschien daarom twee substanties aan, namelijk omdat de instemming van de ziel, waardoor ze instemt met kwaad, van dezelfde substantie is als die van de ziel zelf? Nu vraag ik je of deze instemming goed of kwaad is. Als ze goed is, dan zondigt de ziel zeker niet wanneer ze instemt met kwaad. Maar niet alleen de waarheid schreeuwt het uit, maar ook jij schrijft dat de ziel op dat punt zondigt door haar wil. Bijgevolg is die instemming kwaad en daarom is ook de substantie van de ziel kwaad, in het geval dat de instemming ook de substantie van de ziel is en de twee één substantie zijn. Zie je in hoe je gedwongen wordt om te zeggen dat de ziel en dat kwaad niet meer respectievelijk een goede en een kwade substantie zijn, maar twee kwade substanties?

Op dit punt zul jij misschien proberen om de laakbare instemming niet aan de ziel toe te schrijven die instemt met het kwaad, maar aan het kwaad zelf waarmee die ziel instemt. Op deze manier zou dan het bestaan van slechts twee substanties mogelijk zijn: een goede en een kwade. Men neemt in dat geval aan dat de ziel van de kant van het goede is, maar men situeert de instemming waarmee ze met het kwaad instemt, en het kwaad zelf waarmee ze instemt, samen aan de andere kant, en allebei worden ze aan de kwade substantie toegeschreven. Wie heeft er meer absurditeit uitgekraamd? De ziel stemt immers niet in als de instemming haar niet toebehoort. Maar de ziel stemt zelf in, dus is het *haar* instemming. Verder: als de instemming aan de ziel toebehoort en die instemming kwaad is, dan behoort dit kwaad haar toe. Want, zelfs als dit kwaad ook toebehoort aan het kwaad waarmee de ziel instemt, dan had dit kwaad geen noodzakelijke bestaansgrond vooraleer de ziel ermee instemde. Welk soort 'goed' is de ziel dan, waarvan de komst ofwel dat kwaad verdubbelt, of om het zachter uit te drukken, dat kwaad vermeerdert?

De instemming met het kwaad is in *een substantie*

[14] Vervolgens, als de genoemde instemming – dat ze kwaad is, dat zijn we overeengekomen – een substantie is, dan komen we tot de bevinding dat het in de macht van de ziel ligt dat er al dan niet een kwade substantie bestaat, omdat deze instemming in de macht van de ziel ligt. Want, als dat niet zo is, dan stemt de ziel er niet vrijwillig mee in. Maar jij zei dat het op basis van deze instemming is, dat ze ziel uit vrije wil zondigt. De ziel heeft het daarom, zoals ik zei, in haar macht dat een kwade substantie ofwel bestaat ofwel niet bestaat. Maar wat is een substantie anders dan een natuur? Daaruit zou volgen dat er een natuur bestaat die niet natuurlijk is voor de ziel – want als de ziel het niet zou willen, bestond die natuur niet – en die niet natuurlijk is voor het kwaad waarmee de ziel instemt. Jullie kunnen namelijk niet zeggen dat het een natuurlijk kwaad is dat behoort tot het volk van de duisternis, wanneer het daar geproduceerd is door de wil van een ander, dat is, door de wil van de ziel. Op welke natuur nu zal men deze natuur, dat is deze instemming, terugvoeren als het om een natuur gaat die noch natuurlijk is voor de ziel noch voor het volk van de duisternis, tenzij jij tegen Mani in beweert dat er geen twee, maar drie naturen zijn? Want zelfs al waren er op een bepaald moment slechts twee naturen, dan zijn het er nu, nadat deze instemming ontstaan is, in ieder geval drie geworden, waarbij jij natuurlijk gedwongen wordt om te zeggen dat deze derde natuur die geboren werd uit de ziel die toestemt, en uit het kwaad waarmee ze instemt, als de dochter is van beide.

Maar aangezien ze geboren zou zijn uit twee naturen, waarvan de ene goed is en de andere slecht, vraag ik je waarom ze niet geboren zou zijn als iets neutraals. Zoals namelijk dat wat ontstaat uit de kruising van een paard en een ezel noch een paard, noch een ezel is, zo moest ook dat wat geboren wordt uit een goede natuur en een slechte natuur, als het zelf ook een natuur is, noch goed noch kwaad zijn. Maar jij geeft duidelijk te kennen dat de instemming kwaad is, want je zegt dat de ziel uit vrije wil zondigt wanneer ze instemt met het kwaad. Of ben jij misschien van mening dat de goede natuur en de slechte natuur mannelijk en vrouwelijk zijn zoals de twee seksen, zodat je beweert dat – zoals er uit een man en een vrouw niet iets geboren wordt dat geslachtsneutraal is, maar iemand die ofwel mannelijk ofwel vrouwelijk is – uit het goede en uit het slechte niet een derde iets geboren wordt, dat noch goed noch kwaad is, maar een tweede kwaad? Maar als dat het geval is, waar is dan die vermeende zegevierende natuur van de ziel?[73] Is ze dermate verslagen dat er niet veeleer een tweede goed werd geboren? En verder: zie je niet dat je nu over verschillende seksen, niet over verschillende naturen spreekt? Immers, als het verschil tussen goed en kwaad in een verschillende natuur bestond, dan zou er uit de twee alleen een derde iets tevoorschijn gekomen zijn, dat noch goed noch kwaad kon zijn. Of anders zou deze kruising ongetwijfeld onvruchtbaar geweest zijn en zou er geen derde substantie uit verwekt zijn. Want, als er uit de kruising van de dieren die ik hierboven vermeld heb, ofwel niets ofwel een (mannelijke of een vrouwelijke) muildier geboren wordt, wat noch een paard, noch een ezel is, hoeveel te meer had dit dan moeten gebeuren bij zo een groot en fundamenteel verschil tussen goed en kwaad? Ofwel ontstond er uit hun vermenging geen nieuwe natuur, ofwel zou het geen kwade natuur zijn, zelfs als het onmogelijk zou zijn dat het een goede natuur was. De stelling blijft dus overeind dat we pas dan kunnen ontsnappen aan zulke ongelofelijke dwaasheden wanneer we toegeven dat die instemming, waarvan het vaststaat dat ze kwaad en laakbaar is, geen substantie is, maar *in* een substantie is.

Diverse vormen van zijnsafname: bij zonde, bij straf voor de zonde, bij tijdelijke schoonheid

[15] In welke substantie zij is, dat moeten wij nu met de grootste nauwkeurigheid onderzoeken. Maar voor wie is het nog niet duidelijk dat, net zoals overtuiging enkel gevonden wordt in een natuur die overtuigt, instemming enkel gevonden wordt in een natuur die instemt? Wanneer de ziel dus instemt met het kwaad, is de ziel zelf

[73] Cf. Secundinus, *Brief*, 2.

een substantie, maar haar instemming is geen substantie. Je bemerkt wel, denk ik, in welke substantie ze is: je ziet zeker dat deze instemming in de ziel is en je twijfelt er niet aan dat deze instemming zonde is en omwille van deze reden een kwaad is. Hieruit begrijp je al dat het mogelijk is dat er in een goede substantie, zoals de ziel, een of ander kwaad is, dat geen substantie is, zoals de genoemde toestemming – een kwaad, op grond waarvan ook de ziel kwaad genoemd kan worden. Een zondevolle ziel is namelijk in ieder geval kwaad, en ze zondigt wanneer ze instemt met kwaad. Een en dezelfde zaak dus, de ziel namelijk, is goed voor zover ze een substantie is, maar voor zover ze enig kwaad heeft, dat geen substantie is, namelijk de genoemde instemming, voor zover is ze kwaad. Want niet als het resultaat van toename, maar als het resultaat van afname, heeft ze deze instemming. De ziel neemt inderdaad af wanneer ze instemt met het kwaad en ze begint al te bestaan op een lager niveau en daarom minder kracht te bezitten dan ze bezat zolang ze nergens mee instemde en ze stevig stond in de deugd.[74] Ze wordt ongetwijfeld minder naarmate ze zich afkeert van datgene wat bestaat op het hoogste niveau en neigt naar datgene wat bestaat op een lager niveau, zodat ze zelf ook bestaat op een lager niveau. En naarmate de ziel op een lager niveau bestaat, komt ze in ieder geval dichter bij het niets. Want ook wat minder wordt, neigt naar volledige niet-existentie. En hoewel het niet zover komt dat het niets is door volledige vernietiging, is het toch vanzelfsprekend dat elke afname een begin is van vernietiging. Open dan nu de ogen van je hart[75] en zie, als je kunt, dat om het even welke substantie iets goeds is en dat daarom de afname van een substantie iets kwaads is, want een substantie zijn is goed. En toch is niet elke afname afkeurenswaardig, maar enkel een vrijwillige, waardoor een rationele ziel haar Schepper verlaat en haar liefde

[74] Het Latijnse *virtus* betekent deugd: het impliceert kracht en vastberadenheid.

[75] Zien en kennen hangen hier samen. De ogen van het hart duiden in zekere zin het intellect aan. Toch is het veel meer dan een louter filosofisch begrip. Augustinus wil bereiken dat de gelovigen de ogen en de oren van het hart openen voor God. R. Jolivet en M. Jourjon (1961), p. 762-763 (nr. 2).

wendt tot die dingen die geschapen werden als aan haar ondergeschikt. Want dit is wat zonde genoemd wordt.

Andere vormen van afname zijn niet vrijwillig: het zijn ofwel straffen – de zonden worden bestraft door de hoogste gerechtigheid die beteugelt en ordent – ofwel verschijnen ze bij de afgemetenheid van de laagste dingen: dat wat voorafgaat, wijkt voor dat wat volgt en op die manier vernieuwt alle tijdelijke schoonheid zich voortdurend met zijn afwisselingen en volgens zijn eigen soort. Een voorbeeld: Een toespraak wordt geformuleerd door lettergrepen die als het ware sterven en andere die geboren worden. Ze strekken zich immers uit over een bepaalde tijdspanne en ze vertrekken telkens ze hun tijdsruimte opgevuld hebben en de aflossing door de volgende lettergreep in aantocht is. Dit gebeurt totdat de toespraak volledig ten einde is gebracht. En het ligt niet aan de voortschrijdende klanken, maar aan de controle van de spreker in welke mate een lettergreep verlengd of verkort wordt of in welke vorm de afzonderlijke letters hun hoeveelheid ruimte behouden. Daar staat tegenover dat de kunst zelf, de 'maker' van de redevoering, niet met geluiden weerklinkt en zich niet met voortdurende afwisseling in de tijd ontvouwt. Zo wordt tijdelijke schoonheid vervaardigd door het ontstaan en de ondergang, door het komen en gaan van tijdelijke dingen volgens een welbepaald verloop tot aan het vooraf vastgelegde eindpunt. En deze tijdelijke schoonheid is geen kwaad omdat we betere kenmerken kunnen ontdekken en bewonderen in spirituele schepselen. Ze heeft eerder haar eigen pracht volgens haar soort en ze leert aan hen die goed leven, over de hoogste wijsheid van God, die verborgen is in de hoogte, boven alle grenzen van de tijd, en die de schoonheid maakt en afmeet.[76]

[76] Cf. Augustinus, *Antwoord op Mani's Brief 'Het fundament'*, 41,47 voor een gelijkaardige evocatie van de tijdelijke schoonheid.

Hoe men een goed iets op een verkeerde wijze kan beminnen

[16] Kom nu, richt je aandacht op dat wat je het kwaad noemde waarmee de ziel instemt en zodoende vrijwillig zondigt: is het een of andere substantie of kun je ook hier geen substantie de schuld geven? Ik vraag je namelijk wat het is dat de instemming van de ziel uitlokt. Of komt de ziel misschien schoksgewijze[77] ten val en zegt men daarom dat ze 'instemt', namelijk omdat ze door een of ander behagen dat ze erin vindt, verleid wordt om ervan te genieten. Maar als dat zo is, dan klopt het niet meer dat er *daarom* sprake is van kwaad, namelijk *omdat* er niet op de juiste wijze bemind wordt. Ik zal immers aantonen dat iets op een verkeerde manier wordt bemind in situaties waarin niet het object dat bemind wordt, maar de persoon die bemint schuld treft. Daarna zul jij zeker toegeven dat de schoonheid van iets niet noodzakelijk verkeerd is omdat de instemming van de persoon die ernaar verlangt, er op een verkeerde manier naartoe glijdt. In welke mate dit mijn argumentatie ten dienste komt, zal later duidelijk worden.

Maar wat moet ik kiezen om te illustreren wat ik beloofde? Want een overvloed van materiaal omringt mij. Welk voorbeeld kan ik beter aanhalen dan datgene wat wij prijzen als een hemels schepsel, maar wat jullie aanbidden als een deel van de Schepper zelf?[78] Is er iets onder alle zichtbare dingen dat schitterender is dan deze zon? Maar veronderstel dat iemand mateloos naar het licht van de zon verlangt. Hij begint, omwille van zijn ogen, een reeks juridische processen. Stel dat deze persoon enige macht verkregen heeft, waar-

[77] Ik heb *cassatim* weergegeven met 'schoksgewijze'. Het Latijnse bijwoord *cassatim* of *quassatim* is afgeleid van het zelfstandig naamwoord *quassus* wat 'het schudden' of 'de schok' betekent, en dat op zijn beurt afgeleid is van het werkwoord *quatere* dat o.a. 'schudden', 'teisteren' en 'kwellen' betekent. Augustinus is een meester in het combineren van letterlijke en figuurlijke betekenissen. De voorstelling dat de ziel 'met schokken' (letterlijke betekenis) ten val komt, is lachwekkend. Dat de instemming van de ziel te vinden zou zijn in het genot dat ze beleeft aan kwellingen (figuurlijke betekenis) is eveneens absurd.

[78] De manicheïsche gebeden werden gehouden met het gezicht naar de zon of naar de maan. Cf. Augustinus, *Brief* 236,2.

mee hij kan bereiken wat hij verlangt: hij laat de huizen van zijn buren afbreken, die tegenover zijn ramen staan, zodat, nu de hemel meer open is, de zon kan stralen in zijn binnenkamers. Dit is dan toch geen tekortkoming van de zon! Want het is die man die dit licht beminde tot op het punt dat hij het aandurfde om én dit licht te verkiezen boven het licht van de rechtvaardigheid, én om de deur van zijn hart en de blik van zijn geest te sluiten voor het licht van de gerechtigheid.[79] Hij verlangde immers om het licht van de lichamelijke ogen in grotere hoeveelheden te verwelkomen in het huis van zijn lichaam. Je ziet dus dat iets goeds bemind kan worden met een liefde die niet goed is. Dus: Terwijl jij datgene waarmee de ziel instemt wanneer ze zondigt, als 'kwaad' bestempelt, noem ik het 'goed in zijn soort' – maar een zodanige soort van goedheid dat het niet past dat de ziel, die beter is, ermee instemt. Want omdat de ziel zelf hoger is dan het lichaam en God boven haar is gesteld, geldt: hoewel de natuur van het lichaam goed is op zijn eigen niveau, zondigt de ziel toch en door te zondigen wordt ze kwaad, als ze haar instemming, haar voorliefde, die ze aan God verschuldigd is, die boven haar staat, geeft aan een lichaam dat lager is dan haarzelf.

Zonde begaan en aanzetten tot zonde

[17] Maar je zult zeggen dat je die instemming niet schuldig noemt wanneer een zaak wordt bemind die überhaupt niets doet om de instemming ermee uit te lokken, maar dat het slechts dan gaat over de *toestemming* van de ziel, wanneer datgene waarmee de ziel instemt, ergens toe overreedt of ergens toe dwingt. En je zult zeggen dat het kwaad erin bestaat de ziel te overhalen of aan te sporen om een slechte daad te begaan. Dit is een volgende kwestie

[79] De 'blik van de geest' (*acies mentis*) is bij Augustinus een technische aanduiding voor het menselijke intellect in zijn hoogste functie van het aanvoelen van de waarheid. Het is een equivalent van het 'oog van het hart' (*oculus cordis*) dat Augustinus in paragraaf 15 gebruikt. F. Van Fleteren, 'acies mentis', in: A.D. Fitzgerald (1999), p. 5-6; R. Jolivet en M. Jourjon (1961), p. 786-787 (nr. 57).

die op haar beurt, zo vlug mogelijk, behandeld zal worden.[80] Maar op deze plaats zullen we eerst het concept 'zonde' hernemen. Hierover hebben we naar mijn mening voldoende gediscussieerd: Het is intussen duidelijk dat het mogelijk is dat een zaak die in zijn soort goed is, op een verkeerde manier bemind wordt en dat die zaak niet zelf afgekeurd mag worden, maar dat de persoon die ze op een verkeerde manier bemint, schuldig is. Wat gebeurt er nu als een ziel die reeds zondevol en afkeurenswaardig is omwille van zulk een liefde, iemand anders overreedt om dezelfde zonde te begaan? Zal dan niet ook die ziel die instemt met de overredende ziel, kwaad worden door dezelfde tekortkoming waardoor de ziel die ze volgt, kwaad geworden was? Vooreerst bestaat de zonde er dus in om een schepsel, hoewel een goed schepsel, wat de liefde betreft, te verkiezen boven de Schepper. En verder bestaat de zonde erin om iemand anders ertoe te verleiden dat te doen door overreding of door macht. Want niemand wil iemand anders naar de verdorvenheid brengen als hij niet eerst zelf verdorven is. Zij die zondigen, verlangen echter wel anderen naar de zonde te leiden ofwel uit een dwaze welwillendheid ofwel uit een kwaadaardige afgunst.

Wie zet zijn kinderen er bijvoorbeeld toe aan – tenzij uit een verkeerd georiënteerde liefde – om geen enkele winst als schaamtevol te beschouwen, maar om zich, ongeacht op basis waarvan, een rijkelijk vermogen te verwerven? Zo iemand heeft helemaal geen hekel aan zijn kinderen en toch overtuigt hij hen op schadelijke wijze. Hijzelf is namelijk door een liefde voor zulke dingen al ontaard. Hoewel goud en zilver geen kwaad zijn – net zo min als de zon, waarover we hierboven spraken – toch is degene die een goede zaak 'orde'-loos bemint, schuldig. Wanneer iemand uit afgunst wil dat een andere persoon zondigt, dan houdt hij van eer met een mateloze hoogmoed en dan verlangt hij hierin uit te munten en de anderen te overtreffen. En vermits hij ziet dat er overvloediger en waarachtiger eer wordt betoond aan deugden, verlangt hij – om niet voorbij gestoken te worden in eer – dat anderen van de burcht

80 Twee zinnen verder neemt Augustinus deze vraag al op.

van de gerechtigheid naar de draaikolk van de ongerechtigheid naar beneden storten. Op deze manier probeert de duivel iemand tot zonde te overtuigen of te dwingen.[81] Maar is eer op zich schuldig, enkel omdat de duivel goddeloos werd door het op verkeerde en goddeloze wijze te beminnen? Of is de engelachtige substantie van dezelfde duivel – een substantie die God geschapen heeft – daarom kwaad, namelijk omdat het een substantie is? Neen, wanneer de duivel zich afkeerde van de liefde voor God en zich teveel keerde naar de liefde voor zichzelf, wilde hij beschouwd worden als gelijk aan God, en omwille van deze reden werd hij naar beneden geworpen door de zwelling van hoogmoed.[82] Bijgevolg is de duivel niet kwaad voor zover hij een substantie is – aangezien hij als een substantie geschapen is – maar voor zover hij zichzelf meer beminde dan zijn Schepper. En om deze reden is hij kwaad: omdat hij op een lager niveau bestaat dan het niveau waarop hij zou bestaan hebben, indien hij dat wat bestaat op het hoogste niveau, had bemind. De afname dus, is kwaad.

Bijgevolg is elke afname van wat is, een neiging naar niet-zijn, net zoals alle toename van wat bestaat op een lager niveau, neigt naar wat bestaat op een hoger niveau. De hoogste eer – een zodanige als de vroomheid van godvruchtige mensen er een toont – is men in ieder geval aan God verschuldigd. Iemand die eer bemint, imiteert dus God. Maar nederige zielen willen geëerd worden in God, terwijl hoogmoedige zielen geëerd willen worden in de plaats van God. Tot God toegewend, worden nederige zielen hoger dan onrechtvaardige zielen; tegen God oprijzend, worden hoogmoedige zielen lager dan rechtvaardige zielen. Dit gebeurt op basis van de

[81] De duivel is een engel, en daarom ontologisch goed, maar hij is gevallen door zijn eigen wil, namelijk door de zonde van de hoogmoed (zie bijvoorbeeld § 11). Als een gevolg daarvan is de duivel afgunstig (zie bijvoorbeeld § 10,1; § 24). Augustinus maakt een fundamenteel onderscheid met de leer over de duivel bij de manicheeërs: bij Augustinus is de duivel *geen* 'tegengesteld principe van een tweede natuur' (§ 24). F. Van Fleteren, 'Devil', in: A.D. Fitzgerald (1999), p. 268-269.

[82] Cf. Spr 16,18.

verdeling van beloningen en straffen, omdat de nederige zielen God meer bemind hebben dan zichzelf, terwijl de hoogmoedige zielen in de plaats van God zichzelf bemind hebben.

Conclusies over de instemming met het kwaad

[18] Reeds uit de woorden van jouw eigen brief, waarin jij zei: 'Wanneer ze instemt met het kwaad, dan zondigt de ziel vrijwillig',[83] is het voor jou, denk ik, gemakkelijk om te begrijpen dat het kwaad niet bestaat uit een kwade natuur of uit de liefde voor een kwade natuur. Maar vermits alle naturen goed zijn in hun eigen soort, is het kwaad een zonde, die begaan wordt door de wil van de ziel wanneer ze een schepsel bemint in plaats van de Schepper zelf: ofwel door haar eigen instemming wanneer ze kwaad is, ofwel door de overreding van een ander wanneer ze instemt met kwaad. En toch wordt de ziel ook kwaad doordat er straffen volgen: hierdoor wordt alles op grond van de verdienste geordend door de Schepper, die in de hoogste mate goed is. De ordening op basis van verdienste gebeurt in de schepping die goed is, maar niet het hoogste goed, want God heeft haar niet voortgebracht uit zichzelf, maar hij schiep haar uit het niets.

Jij bent echter van twee naturen uitgegaan, waarvan de ene volgens jou goed is en de andere kwaad – of eerder: de ene is de natuur van het goede en de andere die van het kwade (want een slechte natuur kan ook uit een goede natuur ontstaan door te zondigen). Je geeft evenwel toe dat de natuur waarvan je zegt dat ze goed is, op een slechte manier handelt door in te stemmen met kwaad, dat wil zeggen, zondigt door haar eigen wil. Ik van mijn kant houd vol dat beide naturen goed zijn, maar dat een van hen op een slechte manier handelt door te overreden, terwijl de ander op een slechte manier handelt door in te stemmen. Maar juist zoals de instemming van de ene geen natuur is, evenmin is de overreding van de ander dat. En net zoals de ene natuur, wanneer ze niet

[83] Cf. Secundinus, *Brief*, 2 (lichtjes gewijzigd).

instemt, goed zal blijven, terwijl ze de integriteit van haar natuur behoudt, zo zal ook de andere, wanneer zij niet overreedt, beter zijn. Wanneer deze laatste de zonde, waartoe ze de ander niet aanzet, ook zelf niet begaat, zullen zij in gelijke mate integriteit hebben en in hun soort prijzenswaardig zijn. Want, zelfs al zondigt een natuur die zowel zonde begaat als aanzet tot zonde, tweemaal, terwijl de andere eenmaal zondigt als ze alleen instemt met de kwade daad, dan nog worden ze kwaad op grond van hun zonden en zijn ze het niet van nature. Anders gezegd: wanneer de ene natuur kwaad is wegens haar act van overreding, dan is ook de andere natuur kwaad wegens haar act van instemming. Maar als overreden tot het kwaad jou slechter lijkt dan ermee instemmen, laat dan de ene kwaad zijn en de andere kwader. Toch mag het aanzien van personen[84] niet zodanig groot zijn en de partijdigheid in het beoordelen niet zo onrechtvaardig dat, hoewel ze alle twee zondigen, zelfs als de ene ernstiger zondigt en de andere minder ernstig, men van de ene zegt dat hij de natuur van het kwaad is en van de andere dat hij de natuur van het goede is, en niet eerder ofwel beide goed – waarbij degene die minder zondigt, beter is – ofwel beide kwaad, waarbij degene die meer zondigt, kwader is.

Oorsprong van de zonde: geen aantastbaarheid van een goddelijke natuur, maar instemming uit vrije wil

[19,1] Maar waar komt de kwade daad vandaan die zonde genoemd wordt, als er geen natuur van het kwaad is? Zeg me waar die kwade instemming vandaan komt in die natuur waarvan jij toegeeft en verklaart dat ze goed is! Want wat ook maar gedoogt dat het instemt met kwaad, het zou dit zeker niet toestaan tenzij het dit *kon* toestaan. Ik vraag dus: waar vandaan heeft ze deze mogelijkheid om het toe te laten? Het zou immers beter zijn als ze dat vermogen

[84] De uitdrukking 'aanzien van personen' (*acceptio personarum*) gaat terug op een Bijbelse wending (zie bijvoorbeeld: Rom 2,11): hiermee wordt de partijdigheid en omkoopbaarheid, vooral van rechters, aangeduid.

niet had. Het gaat hier dus niet over de natuur van het hoogste goed aangezien de natuur waar we het hier over hebben, in het goede nog kan worden overtroffen. Verder: als deze natuur bij machte is om ofwel in te stemmen ofwel niet in te stemmen, dan is het dus niet zo dat ze instemt nadat ze eerst overwonnen werd. Ik vraag dus waar ze deze kwade instemming vandaan heeft, aangezien er geen tegennatuur is die haar dwingt. In het geval ze evenwel zodanig gedwongen wordt om instemming te verlenen zodat ze niet bij machte is om anders te handelen, dan zondigt ze niet, zoals jij zegt, 'vrijwillig', omdat ze in dit geval niet vrijwillig instemt. Maar ik vraag nog steeds waar deze mogelijkheid vandaan komt om misleid te worden als ze wordt misleid. Want als er in haar, vóór ze werd misleid, niet de mogelijkheid aanwezig was om dit toe te laten, dan zou ze dit onder geen enkele omstandigheid ooit laten gebeuren. En toch stemt ze op geen enkele andere manier in dan door middel van de wil. Als ze echter gedwongen wordt, dan moet men eerder zeggen dat ze zich overgeeft dan dat ze instemt. Maar noem het zoals je wilt. Ik vraag aan jou, een scherpzinnig en verstandig man, en aan dat Romeinse[85] verstand van jou, waarmee je hoog oploopt: Waar heeft deze natuur van het goede de mogelijkheid vandaan om te gedogen dat ze instemt met kwaad? Bijvoorbeeld: hout. Vooraleer het wordt gebroken, heeft het de mogelijkheid om gebroken te worden, en het kon helemaal niet gebroken worden, tenzij de mogelijkheid daar aanwezig was. En wanneer er niemand langskomt om het te breken, dan is het niet zo dat het daarom onbreekbaar is. In dezelfde trant vraag ik waar een zekere breekbaarheid of buigzaamheid in de genoemde natuur vandaan komt vooraleer ze tot een kwade toestemming ofwel door macht 'gebroken wordt' ofwel door overtuigingskracht 'gebogen wordt'. Een ander voorbeeld: als de breekbaarheid al aanwezig is door de nabijheid van het kwaad, zoals lichamen vaak aangetast raken door de damp van een nabijgelegen moeras. Die natuur was

[85] Door te refereren aan Secundinus' hoge inschatting van de naam 'Romeins' (Cf. Secundinus, *Brief*, 3), reageert Augustinus impliciet op Secundinus' verwijt van de Punische trouweloosheid (Cf. Secundinus, *Brief*, 2).

dus al aantastbaar, als de vernietigende infectie van een dergelijke omgeving haar kon aantasten. Ik vraag dus waar die aantastbaarheid vandaan komt.

[19,2] Ik smeek je: Let op wat ik zeg, en luister naar de heldere waarheid. Ik vraag namelijk niet waar de aantasting vandaan komt. Je zult immers antwoorden, 'van de aantaster', en je zult beweren dat deze aantaster een of andere prins is van het volk van de duisternis: ik zou dan deze figuur die ook nog eens in mythische sluiers is gehuld nauwelijks nog kunnen onthullen en vatten! Maar ik vraag waar de aantastbaarheid vandaan komt, die gegeven was zelfs vooraleer er een aantaster langs kwam. Als er geen aantastbaarheid was, dan zou er ofwel geen aantaster zijn ofwel zou de komst van om het even welke aantaster geen schade berokkenen. Zodra jij gevonden hebt waar deze aantastbaarheid in de goede natuur vandaan komt, vooraleer ze aangetast wordt door de tegennatuur– of als je niet wilt zeggen dat ze 'aangetast' wordt, vind dan ten minste waar deze veranderbaarheid vandaan komt vooraleer ze door die vijandige tegenstander 'veranderd' werd.[86] Een natuur wordt immers noodzakelijkerwijze 'veranderd' in iets slechters dat dwaas wordt van wijs te zijn geweest en dat zichzelf vergeet. Jij voegde namelijk de volgende woorden toe: 'Als ze, hoewel ze zichzelf herkend heeft, instemt met kwaad.'[87] Zij wordt dus 'veranderd' in het slechtere, wanneer ze zichzelf vergeet om dan weer zichzelf te herinneren en zichzelf te herkennen. Maar op geen enkele manier had ze zich kunnen veranderen behalve als ze, vooraleer ze veranderde, veranderbaar was. – Zodra jij dan gevonden hebt waar deze veranderbaarheid in de substantie van het hoogste goed vandaan komt, die gegeven is nog vóór er enige vermenging van goed en kwaad had plaatsgevonden, dan zul jij zeker ophouden mij te vragen waar het kwaad vandaan komt.

Trouwens, als je er juist over nadenkt, dan kan je in de natuur van het hoogste goed überhaupt geen tijdelijke veranderlijkheid

[86] Deze zin is afgebroken en wordt pas enkele regels later terug opgenomen.
[87] Cf. Secundinus, *Brief*, *2* (lichtjes gewijzigd).

vinden: noch waarbij ze uit zichzelf zou veranderen noch waarbij ze omwille van de komst van iets anders zou veranderen – zoals dat het geval is in die natuur die Mani inbeeldt en waarvan hij veronderstelt en zelfs zijn aanhangers ervan overtuigt dat ze in de hoogste mate goed is. Zoek het uit en antwoord, als je kunt, waar deze veranderlijkheid vandaan komt, die niet aan de natuur werd toegevoegd, maar die werd openbaar gemaakt[88] toen de tijd ervoor aanbrak. Want de natuur kon niet veranderd worden, zelfs niet door een vijand, als ze niet veranderbaar was. Maar aangezien ze veranderd kon worden, heeft zij het bewijs geleverd dat ze niet onveranderlijk was. Als je niet twistziek bent, zie je in, met wat een grote dwaasheid God wordt gelasterd wanneer men ervan uitgaat dat deze veranderlijkheid aanwezig is in de substantie van het hoogste goed, dat is, in de substantie van God.

Maar wanneer men dergelijke uitspraken doet over een schepsel, dat God noch heeft verwekt, noch heeft voortgebracht uit zijn substantie, maar gemaakt heeft uit niets, dan gaat het niet over het hoogste goed, maar over een goed van de soort die enkel kon worden voortgebracht door het hoogste goed, dat God is. Zeker, God, die het hoogste goed is en onveranderlijk goed is, heeft alle dingen goed geschapen – niet als het hoogste of onveranderlijk goed, maar wel goed – van de engelen van de hemel neerwaarts naar de laagste dieren en planten op de aarde. En hij regelde alle dingen op hun eigen plaats in overeenstemming met de waardigheid van elke natuur. Maar te midden van deze schepping behoudt de rationele schepping – wanneer ze zich vastklampt in de gehoorzaamheid van de liefde tot haar Schepper, dat is, tot God, haar Maker en Schepper – haar eigen natuur in Gods eeuwigheid, waarheid en liefde. Wanneer ze God echter uit weerspannige ongehoorzaamheid verlaat, dan wikkelt ze zichzelf in zonden door haar vrije keuze en ondergaat ze, als ongelukkige, straf door middel van Gods recht-

[88] Het Latijnse *non indita sed prodita* ('niet toegevoegd, maar openbaar gemaakt') bevat een woordspel dat niet in de vertaling kan worden weergegeven.

vaardige oordeel. Dit is het geheel van kwaad: deels wat men *ten onrechte* doet, deels wat men *terecht* te lijden krijgt.

Je zou mij niet moeten vragen waar het kwaad vandaan komt, aangezien je op deze vraag zelf al een antwoord geformuleerd hebt: 'wanneer de ziel zichzelf erkent, zondigt ze overeenkomstig haar eigen wil, als ze instemt met kwaad.'[89] Zie, waar het kwaad vandaan komt: natuurlijk uit de eigen wil! Dit kwaad is geen natuur, maar een schuld. En daarom is het kwaad ook tegengesteld aan de natuur: het berokkent haar in ieder geval schade door haar te beroven van het goede, waardoor ze gelukkig had kunnen zijn, als ze niet had willen zondigen. Jij denkt dat deze zondevolle wil niet in de ziel opgewekt wordt, tenzij vanuit een ander kwaad, waarvan jij gelooft dat het een natuur is die God niet heeft gemaakt, en je beweert dat de genoemde ziel de natuur van God is. En op deze manier geldt: als deze dubieuze natuur van het kwaad deze zondevolle wil door overreding in de ziel produceert, dan is het God die wordt verslagen en naar beneden gegooid – naar de zonde!

Tegen de manicheïsche mythe waarin God, zo blijkt, aantastbaar en onrechtvaardig is

[20,1] Kijk toch eens: Wat een grote goddeloosheid! Welke gruwelijke, huiveringwekkende godslasteringen! En hiervan weiger jij afstand te nemen, doordat je in een natuur die God *niet* geschapen heeft, het leven lokaliseert, de zintuiglijke waarneming, het spreken, de maat, de vorm, de orde en ontelbare andere dingen; en doordat je uitgerekend in de natuur van God, nog vóór een of andere vermenging met het kwaad, de veranderlijkheid zelf lokaliseert! Op grond van die veranderlijkheid kon de natuur van God gevangen genomen worden en daarom moest God wel bang zijn 'toen hij zag dat een grote ruïne en verwoesting zijn heilige Eonen zouden bedreigen als hij er niet een of andere uitmuntende,

[89] Cf. Secundinus, *Brief*, 2 (lichtjes gewijzigd).

vermaarde en buitengewoon machtige godheid tegenover zette'.[90] En waartoe leidt dit alles, tenzij hiertoe: dat deze natuur en substantie van God de onderworpen vijand zo goed geketend houdt dat ze al zondigend de vijand ondergaat, zelfs wanneer die gebonden is; en dat ze, 'gezuiverd'[91], er niet in slaagt om de reeds overwonnen vijand volledig te ontlopen; en dat zij, als veroordeelde, de ingesloten vijand ongedeerd laat? Maar wat een schitterend excuus hebben jullie gevonden in jullie God voor de noodzakelijkheid van oorlog! Daarmee hebben jullie een antwoord willen geven op de vraag die aan jullie gericht werd: Wat had het volk van de duisternis God kunnen aandoen als hij er niet tegen had willen vechten?[92] Als jullie gezegd zouden hebben dat het hem schade zou toebrengen, dan zouden jullie toegeven dat God aan bederf onderhevig is en kwetsbaar is. Maar als jullie gezegd zouden hebben dat het hem geen schade kon toebrengen, dan zou jullie gevraagd worden: Waarom heeft hij dan gevochten? Waarom heeft hij dan zijn eigen substantie aan vijanden overgeleverd om bedorven en aangetast te

[90] Cf. Mani, *Brief 'Het fundament'*, fragment 3 (ed. Stein).

[91] Het manicheïsme dat Augustinus hier viseert, liet niet de totale overwinning van het Licht toe. Niet alle goddelijke deeltjes die vermengd waren geraakt met de materie zullen worden gerecupereerd. Dat de natuur van de manicheïsche God niet volledig gezuiverd kan worden, is een verwijt dat Augustinus meermaals inzet wanneer hij polemiek voert tegen de manicheeërs. Cf. Augustinus, *Antwoord aan Faustus* 2,6; 21,4; Augustinus, *Antwoord aan Secundinus* 20 (drie maal); Augustinus, *De strijd van een christen* 4; Augustinus, *Antwoord aan Felix* 2,7; Augustinus, *Brief* 236,2; M. Kudella (2010), p. 305; R. Jolivet (1961), p. 773.

[92] Het was Nebridius, een vriend van Augustinus, die deze kritische vraag naar voren geschoven had en Augustinus daarmee hielp om het manicheïsme te verlaten (Cf. Augustinus, *Belijdenissen* 7,2,3). In *Tegen Felix* wordt overduidelijk dat de manicheeër niet kan antwoorden op Augustinus' vraag waarom God een gevecht zou aangegaan zijn als hij onaantastbaar is. Felix vraagt zelfs om het gesprek enkele dagen uit te stellen waarna hij nog steeds geen antwoord kan geven aan Augustinus. Cf. Augustinus, *Tegen Felix* 1, 19-20-2, 1 en 2, 7-9; Dezelfde vraag wordt gesteld in: Augustinus, *Tegen Faustus*, 13,6.

worden en gedwongen te worden tot alle zonden? Uit dit dilemma dus, zijn jullie nooit kunnen te ontsnappen.[93]

[20,2] Jullie menen een belangrijk en veilig antwoord gevonden te hebben, wanneer jullie zeggen: 'Het is een grote onrechtvaardigheid om het bezit van een ander te willen innemen. Aan deze onrechtvaardigheid zou God zijn instemming verleend hebben, als hij geweigerd had om te vechten tegen dit volk dat dit had geprobeerd.'[94] Dit antwoord zou nog een vleugje rechtvaardigheid hebben als de natuur van jullie God zich tenminste in deze oorlog zelf onbeschadigd en onbevlekt bewaard zou hebben en als ze, na de vermenging met de ledematen van de vijand, geen onrechtvaardigheid zou hebben begaan hetzij door dwang hetzij door verlokking. Maar jullie beweren dat die natuur gevangen zit en met zulke grote misdaden en vergrijpen instemt. Jullie zeggen bovendien dat die natuur niet geheel gezuiverd kon worden van zo'n misdadige goddeloosheid waardoor ze zich als een vijand vertoonde zelfs van het heilige licht waarvan ze toch een deel is.[95] Daarom geloven jullie dat die natuur terecht de eeuwige straffen ondergaat van die huiveringwekkende bolvormige massa.[96]

Wie beseft er niet hoeveel beter het ware geweest om de vijandige tegenstander in zijn onrechtvaardigheid te laten, terwijl hij zijn ijdele plannen aan het uitbroeden was, dan om hem een deel van God te overhandigen, waarvan hij de sterkte zou uitzuigen en waarvan hij de schoonheid zou aantasten en verenigen met zijn onrechtvaardigheid? Wie is er verblind door zo een koppigheid dat hij niet merkt met hoeveel minder onrechtvaardigheid het was dat het volk van de duisternis tevergeefs *andermans* natuur probeerde aan te vallen, dan toen God zijn *eigen* natuur overhandigde om aangevallen

[93] Cf. Secundinus, *Brief 6*, waar Augustinus' correspondent aangeeft dat er zaken zijn die het menselijke inzicht te boven gaan: o.a. de vraag waarom degene die niets kon lijden toch een gevecht heeft geleverd.

[94] Cf. Secundinus, *Brief*, 6 (met aanzienlijke wijziging).

[95] Cf. Mani, *Brief 'Het fundament'*, fragment 8,1 (ed. Stein).

[96] Cf. Mani, *Brief 'Het fundament'*, fragment 8,3 (ed. Stein) – Voor de bolvormige massa, cf. p. 64, noot 64.

te worden, om gedwongen te worden tot onrechtvaardigheid en veroordeeld te worden tot straffen zelfs op basis van een of ander deel? Komt het er tenslotte op neer dat hij met de onrechtvaardigheid heeft willen instemmen en een zo grote onrechtvaardigheid begaan heeft zonder enige noodzaak? Of bestond er een noodzaak – iets waarvoor Mani niet beschaamd was om het te zeggen, maar jullie wel? Inderdaad, hij zei: 'God zag dat een grote ruïne en verwoesting zijn heilige Eonen zouden bedreigen, als hij er niet een of andere uitmuntende en bijzonder krachtige godheid tegenover zou zetten.'[97] Maar jullie redeneren natuurlijk verstandiger dan wanneer jullie zouden hebben gezegd dat God vocht omwille van deze noodzaak, namelijk om te voorkomen dat het rijk van de duisternis hem schade zou toebrengen: jullie zeggen dat God kwetsbaar en aantastbaar is, zodat het hem enig nadeel kon berokkenen in het geval hij niet had willen vechten!

Verdrijf en verban daarom uit jullie harten en uit jullie geloof ook deze vechtpartij als dusdanig, en die gehele mythe die bestaat uit de gruwel van goddeloze en onzuivere godslastering, verwerp en veroordeel ze eindelijk eens! Ik vraag je met aandrang: wat betekent het dat jullie, zoals hierboven gezegd, er niet voor terugschrikken om te zeggen dat die natuur beschadigd kan worden en dat God aangetast kan worden – met als gevolg dat, als de natuur van jullie God zijn kracht niet kon gebruiken om te vermijden dat hij gevangen genomen werd, hij als gevangene niet eens de rechtvaardigheid kon behouden? Dit kon Daniël, om wiens leeuwen jij durfde lachen.[98] Daniël, die zich niet liet leiden door angst, stemde niet in met de onrechtvaardigheid en met de goddeloosheid van de mannen die hem gevangen genomen hadden. En zelfs in zijn gesteldheid van lichamelijke gevangenschap verloor hij niet de rechtvaardigheid en de vrijheid die kenmerkend zijn voor een geduldige en wijze ziel.[99] De natuur van God werd echter gevangen gezet; ze werd onrechtvaardig; ze kan niet helemaal gezuiverd worden;

[97] Cf. Mani, *Brief 'Het fundament'*, fragment 3 (ed. Stein).

[98] Cf. Secundinus, *Brief*, 3.

[99] Cf. Da 6,2-29; Cf. Da 14, 31-42.

ze wordt uiteindelijk noodgedwongen veroordeeld. Als ze vanaf de eeuwigheid wist dat dit kwaad haar zou treffen, dan bezit zij geen enkele goddelijkheid!

Wat Mani vertelt over de steden, de landen of de gebieden van het koninkrijk van het licht en het volk van de duisternis, die vlak naast elkaar liggen – voor mensen met gezond verstand is het lachwekkend – heb jij 'onbeschrijfelijk' genoemd en jij hebt gezegd dat Christus dit de 'rechterhand' en de 'linkerhand' noemde.[100] Wij weten dat Christus de 'rechterhand' en de 'linkerhand' niet gebruikte om te verwijzen naar lichamelijke plaatsen maar om te verwijzen naar de gelukzaligheid en de droefheid, overeenkomstig ieders verdienste. Maar jullie vleselijke denken zit zodanig vast aan lichamelijke plaatsen dat jullie zeggen dat deze zichtbare en dus lichamelijke zon, die uitsluitend kan bestaan in een plaats in de ruimte, zowel God is als een deel van God. Maar het is dwaas om dit met jou te bediscussiëren. Hoe zouden jullie in staat zijn God als niet-lichamelijk te verstaan, jullie die niet eens geloven dat hij onaantastbaar is?

Schriftuurlijk debat: waarom de manicheeërs de boeken van de Joden aanvallen

[21] Maar als een goede vriend berisp je mij in alle vriendelijkheid dat ik de manicheeërs verlaten heb en dat ik mijn toevlucht genomen heb tot de 'boeken van de Joden'.[101] Precies deze geschriften zijn het die jullie dwaling en leugens doen verstikken. In deze boeken is Christus immers voorspeld: het soort van Christus dat Gods waarheid ons gaf, niet het soort dat ontsproot aan Mani's verbeelding. Maar als een buitengewoon goed opgeleid man val je het Oude Testament aan omdat er bij de profeet geschreven staat: *'En verwek hoerenkinderen, want door hoererij zal het land zich*

[100] Cf. Secundinus, *Brief*, 6 – Augustinus stelt hier *narrat* (hij vertelt) tegenover *inenarrabilia* (dingen die niet verteld kunnen worden).

[101] Cf. Secundinus, *Brief*, 3.

afkeren van de Heer',[102] terwijl je toch in het evangelie hoort: '*De hoeren en de tollenaars zijn jullie voor bij het binnengaan van het rijk der hemelen.*'[103] Ik weet waar je verbolgenheid vandaan komt. Want je bent niet zo boos op de prostituee omwille van haar overspel dan dat je boos bent dat het overspel gewijzigd werd in een huwelijk en getransformeerd werd in huwelijkskuisheid. Want jullie geloven dat jullie God in het huwelijk bij de verwekking van nakomelingen in nogal vaste kettingen van het vlees gebonden raakt. Jullie denken dat prostituees jullie God sparen omdat ze zich inspannen om niet zwanger te raken zodat ze, vrij van de verplichting om te baren, de wellust kunnen dienen! Het nieuwe leven in een vrouw is in jullie ogen een gevangenis en een ketting voor God.[104] Daaraan ligt het dat je ook geërgerd bent over de woorden: *Zij zullen twee zijn in één vlees*,[105] hoewel de apostel dit als een 'groot mysterie' op Christus en de heilige kerk betrekt.[106] Vandaar ben je geërgerd over de woorden: *Wees vruchtbaar en wees talrijk*,[107] uit vrees dat de gevangeniscellen van uw God talrijker worden.

[102] Hos 1,2; Cf. Secundinus, *Brief*, 3; Cf. Augustinus, *Tegen Faustus*, 22,5 (Faustus); 22,80 (Augustinus); 22,89 (Augustinus).

[103] Mt 21,31; De combinatie van Hos 1,2 en Mt 21,31 komt eveneens in *Tegen Faustus* 22,80 voor. Augustinus stelt daar de retorische vraag: 'Waarom zou het in tegenspraak zijn met de genade van de waarheid en waarom zou het indruisen tegen het christelijk geloof als een prostituee de prostitutie verlaat en een kuise echtgenote wordt?' (mijn vertaling). Bij Hosea staat de relatie van de profeet met een ontrouwe vrouw symbool voor de relatie tussen God en Israël. In *Tegen Faustus* 22,89 legt Augustinus met citaten uit Petrus en Paulus uit dat het gaat om een profetie die zich realiseert in het Nieuwe Testament.

[104] De manicheeërs beschouwden de voortplanting als iets slechts omdat het de gevangenschap van het goddelijke in de materie langer doet duren (cf. de uitdrukking *ergastula Dei*, 'gevangeniscellen van God'). In § 21-22 beschuldigt Augustinus de manicheeërs ervan dat bij hen de voortplanting een ergere fout zou zijn dan de ontucht! Andere gelijkaardige passages: Augustinus, *Tegen Faustus*, 15,7; 22,30; 30,6 e.a.

[105] Gn 2,24; Cf. Augustinus, *Tegen Faustus*, 12,8; 12,39; 19,29; 22,38.

[106] Cf. Ef 5,31-32.

[107] Gn 1,28.

Ik echter belijd dat ik in de katholieke kerk geleerd heb dat ziel en lichaam – waarbij de ziel regeert terwijl het lichaam onderworpen is – net zoals het goede van de ziel en het goede van het lichaam uitsluitend van het hoogste goed afkomstig zijn, waarvan alle goede dingen komen, hetzij grote of kleine, hetzij hemelse of aardse, hetzij spirituele of lichamelijke, hetzij eeuwige of tijdelijke. De laatstgenoemde goede dingen moeten niet bekritiseerd worden omdat de eerdergenoemde te verkiezen zijn.

Schriftuurlijk debat: de manicheïsche weigering van vlees en huwelijk

[22] De woorden echter *Slacht en eet,*[108] die jij onder de af te keuren passages rekent,[109] worden ook in de Handelingen van de Apostelen in een spirituele betekenis gebruikt. Maar zelfs in materieel opzicht is voedsel niet iets om af te keuren, maar een braspartij wel. Vooral bij jullie zou de concrete betekenis van deze uitspraak in de smaak moeten vallen. Jullie zouden dan vlees kunnen slachten en op die manier zou jullie God kunnen ontsnappen uit deze beklagenswaardige gevangenschap eens zijn celwanden zijn gebroken. Mochten er enkele restanten van hem daar achtergebleven zijn, dan zouden jullie die kunnen zuiveren in de werkplaats van je buik door ze op te eten.[110]

[108] Hnd 10,13.

[109] Cf. Secundinus, *Brief,* 3.

[110] Augustinus heeft kritiek op de inconsistentie van de manicheïsche leer met betrekking tot het plukken van vruchten en het doden van dieren. Zowel in vruchten als in dieren zaten volgens de manicheïsche leer goddelijke lichtelementen gevangen. De uitverkorenen (*electi*) mochten geen vruchten plukken, de toehoorders wel. Deze laatsten bezorgden de geplukte vruchten aan de uitverkorenen (*electi*) die de macht hadden om de goddelijke elementen uit de vrucht te bevrijden door ze te eten. Het doden van dieren was verboden al schijnen er uitzonderingen geweest te zijn voor kleine dieren: luizen, vliegen en bedwantsen. Augustinus begrijpt niet waarom de manicheeër, wanneer hij een dier doodt, het goddelijke niet zou kunnen bevrijden dat verstopt ligt in het vlees. Dat gebeurt ten slotte toch ook bij het eten van vruchten. Cf. Augustinus, *De katholieke en de manicheïsche levenswijze*, boek 2, 17,54-17,64.

Je spot erover dat ik de onvruchtbaarheid van Sara[111] heb betreurd.[112] Niet geheel en al heb ik die betreurd, omdat ook die profetisch was. Maar voor jullie heiligschennende mythen is het kenmerkend om niet over Sara's onvruchtbaarheid te treuren, maar over haar vruchtbaarheid: de vruchtbaarheid van elke vrouw is een ontzettende rampspoed voor jullie God. Vandaar is het niet verrassend dat in het bijzonder in jullie gerealiseerd is wat over zulke mensen werd voorspeld: *Ze verbieden het huwelijk.*[113] Jullie haten namelijk minder de geslachtsgemeenschap dan wel het huwelijk, want in het huwelijk is het geslachtsverkeer omwille van de voortplanting geen ondeugd maar een plicht. Vrijgesteld van deze plicht zijn de heilige mannen en vrouwen die in onthouding leven, niet omdat zij deze plicht als iets slechts hebben vermeden, maar omdat ze iets beters hebben gekozen.[114] En toch moet precies de huwelijksplicht van vaders en moeders – de categorie mensen waartoe Abraham en Sara behoorden – niet beoordeeld worden op basis van de menselijke maatschappij, maar op basis van Gods plan. Want omdat het noodzakelijk was dat Christus in het vlees kwam, was het huwelijk van Sara dienstbaar aan dezelfde vleselijke voortplanting dan de maagdelijkheid van Maria.[115]

[111] Cf. Gn 11,30.

[112] Cf. Secundinus, *Brief*, 3.

[113] 1 Tim 4,3.

[114] Cf. 1 Kor 7,38.

[115] Isaak werd geboren terwijl zijn vader Abraham al op leeftijd is en zijn moeder Sara in feite onvruchtbaar was. Het gaat hier om de verre voorbereiding van Christus uit de maagd van Maria. Tegenover de manicheeërs benadrukt Augustinus de lichamelijke geboorte van Jezus Christus (bijvoorbeeld: Augustinus, *Verhandelingen over het Johannesevangelie* 3,12; Augustinus, *Handboek over geloof, hoop en liefde*, 10,34). De maagdelijke geboorte is een teken van Jezus' goddelijkheid. Cf. D.E. Doyle, 'Mary, Mother of God', in: A.D. Fitzgerald (1999), p. 542-545.

Schriftuurlijk debat: de profetische waarde van het Oude Testament

[23] Het is ook daarom dat Abraham tot zijn dienaar de volgende woorden sprak, die jij met een lovenswaardige onwetendheid spottend geciteerd hebt: *Leg je handen in mijn lies.* Terwijl Abraham eiste dat zijn dienaar hem trouw zou zweren, zei hij: *Leg je hand in mijn lies en zweer bij de God van de hemel.*[116] Door het voorschrift te gehoorzamen zweerde de dienaar natuurlijk een eed, maar door de opdracht te geven uitte Abraham een profetie, namelijk dat de 'God van de hemel' in het vlees zou komen dat uit die lies voortgeplant zou worden. Jullie schatten dit gering, jullie verafschuwen het en verachten het, jullie, kuise en zuivere mensen. Jullie zijn bang van één schoot van een maagd voor de Zoon van God, die nochtans door geen enkel contact met het vlees veranderd kon worden en jullie sluiten de natuur van jullie God, die werd veranderd en bevuild, in alle moederschoten in, niet alleen die van mensen, maar ook die van dieren! En daarom, jullie die geschokt zijn bij één lies van een aartsvader, welke liezen – ik bedoel niet liezen van profeten, maar van eender welke prostituee! – vinden jullie dan, waar jullie *niet* bij jullie God, die daar zo beschamend vastgeketend zit, zouden moeten zweren? Tenzij het misschien helemaal niet beschamend is om op een kuise wijze een lid van het menselijk lichaam aan te raken, maar wel om bij een God te zweren, die op zulk een beschamende wijze geketend is, die op zulk een gedrochtelijke wijze gevangen zit!

Met de term *pancarpus* – een mengeling van 'allerlei' soorten die dikwijls gegeten wordt tijdens de publieke spelen – bespot jij de ark van Noach[117] omdat er dieren van alle soorten aan boord waren. Nochtans staat de ark van Noach door middel van de alle diersoorten symbool voor de toekomstige kerk, die uit alle volken bestaat. Ik wens je proficiat: je hebt hierbij, hetzij uit onoplettendheid, hetzij uit onwetendheid, de passende terminologie gebruikt!

[116] Gen. 24,2-3; Cf. Secundinus, *Brief*, 3; Cf. Augustinus, *Tegen Faustus*, 12,41 (Augustinus).

[117] Cf. Gn 7; Secundinus, *Brief*, 3.

Πάγκαρπος is namelijk 'elke soort vrucht', zoals dat voor de kerk in een spirituele betekenis waar is! En het valt je ook niet op hoeveel gelukkiger Noach was in vergelijking met jullie God: Noach leefde met zijn familie tussen die wilde dieren, te midden waarvan hij ongedeerd binnenkwam en vanwaar hij ongedeerd terugkeerde, terwijl jullie God in een woeste razernij als van wilde dieren door de naties van de duisternis in stukken werd gescheurd en werd verslonden! Bijgevolg werd jullie God niet een 'vruchtrijke', maar een 'volledig verscheurde',[118] die door de wildheid van 'allen' uit elkaar gerukt werd!

Jullie spotten met Jacobs worsteling met de engel,[119] die profetisch de toekomstige worsteling van het volk van Israël met het vlees van Christus symboliseert. Maar hoe je het ook wilt begrijpen: Hoeveel beter zou het zijn als jullie God met een menselijk wezen zou worstelen dan dat hij geketend werd, gevangen genomen en in stukken gescheurd werd door het rijk van de demonen!

Valselijk beschuldigen jullie Abraham ervan de kuisheid van zijn vrouw verkocht te hebben.[120] Daarbij loog hij niet toen hij haar uitgaf als zijn zuster, maar uit menselijke voorzichtigheid verzweeg hij dat zij ook zijn vrouw was en hij vertrouwde de bescherming van haar kuisheid toe aan zijn God.[121] Hij wilde voorkomen dat, als hij niet deed wat hij kon, men zou oordelen dat hij God niet vertrouwde, maar hem uitgedaagd had. Daarentegen heb je geen oog voor jullie God, die geen vrouw, maar zijn eigen ledematen,

[118] Augustinus speelt met de woorden *pancarpus* (vruchtrijk) en *pancarptus* (volledig verscheurd). De conjectuur *pancarptus* is van R. Merkelbach (1991), 234-237.

[119] Cf. Gn 32,25-33; Cf. Secundinus, *Brief*, 3.

[120] Cf. Gn 12,13; Gn 20,2; Cf. Secundinus, *Brief*, 3.

[121] In zijn boek *Tegen de leugen* geeft Augustinus het geval van Abraham en Sara als voorbeeld: Abraham houdt weliswaar informatie achter, maar het gaat niet om een leugen, omdat Sarah werkelijk zijn zuster was (cf. Gn 20,12). Volgens Augustinus liegt iemand wanneer hij of zij bewust onwaarheden uitspreekt met de bedoeling te bedriegen. Voor de moderne lezer is het in ieder geval duidelijk dat Abraham zijn gesprekspartner om de tuin geleid heeft door hem te doen geloven dat Sara niet zijn vrouw was. Voor Augustinus' opvatting: Augustinus, *Tegen de leugen*, 23; Augustinus, *Vraagstukken bij de Heptateuch* 1,26; Augustinus, *Tegen Faustus* 22,34-35.

niet verkocht, maar vrijelijk overliet aan de vijanden om te worden geschonden, aangetast en bezoedeld! Dat de schitterende natuur van jullie God net zo onbezoedeld van zijn vijanden naar hem zou terugkeren, als Sara onbezoedeld was, toen ze naar haar man teruggebracht werd – dat zouden jullie zeker hopen, als het mogelijk was!

De duivel van het katholieke geloof en die van de manicheïsche fabel

[24] Jij prijst mijn vroegere levenswijze en ambities en vraagt wie mij plotseling 'veranderd' heeft. Dan, terwijl je dit punt omschrijft, vermeld je de oude vijand van alle gelovigen en heiligen en van de Heer Jezus Christus zelf.[122] Jij wilt ons natuurlijk laten verstaan dat deze vijand de duivel is. Wat moet ik je antwoorden over mijn 'verandering', tenzij dit: als ik er niet van overtuigd was dat ik op die manier beter zou worden, dan had ik jullie dwaling überhaupt niet gehaat en veroordeeld en dan zou ik niet de overstap gemaakt hebben naar het katholieke geloof en de kerk! Of ik daaraan goed deed, dat wil zeggen: of ik veranderd ben van kwaad naar goed? Deze vraag los jij zelf op voor mij met die uitdrukking die je gebruikte: 'mijn verandering'. Als mijn ziel namelijk, zoals jullie beweren, de natuur van God zou zijn,[123] dan kon mijn ziel über-

[122] Cf. Secundinus, *Brief*, 3-4.

[123] Volgens Augustinus identificeren de manicheeërs de menselijke ziel (*anima*) met de substantie (*Dei substantia*) of de natuur van God (*Dei natura*). Tussen de natuur van de manicheïsche God en de Lichtsubstantie die eruit emaneert, wordt dus (door Augustinus) geen onderscheid gemaakt. Gaat men er binnen dit denkkader met Secundinus van uit dat Augustinus' ziel veranderd is, dan moet men er logischerwijze ook van uit gaan dat Gods natuur veranderlijk is, zo redeneert Augustinus. Doordat dit laatste absurd is, wordt nog maar eens een element uit het manicheïsme onderuit gehaald. Voor Augustinus zelf bewijst de veranderlijkheid van de kant van de ziel dat de ziel niet God is. Cf. Augustinus, *Tegen Fortunatus*, 11; Cf. Augustinus, *De letterlijke betekenis van Genesis*, 7,11,17. Of de manicheeërs wel een duidelijk onderscheid maakten tussen natuur en substantie van God, is mij niet duidelijk op basis van de lectuur van Augustinus, *Tegen Fortunatus*. Vgl. M. Kudella (2010), p. 355.

haupt niet veranderd worden – hetzij ten goede, zoals ik vol vertrouwen hoop dat gebeurd is, hetzij ten kwade, zoals jij beargumenteert dat gebeurd is – noch uit zichzelf, noch onder invloed van iemand anders. Vandaar: Nu ik die dwaling achter mij gelaten heb en dat geloof gekozen heb waarin men aanneemt dat de natuur van God volstrekt onveranderlijk is – wat een godvruchtig geloof is en een wijs verstaan – ergert mijn 'verandering' uitsluitend die mensen bij wie de voorstelling van een onveranderlijke God ergernis oproept.

De duivel is de tegenstander van de heiligen: niet in de zin dat hij als vijand vanuit een tegengesteld principe van een tweede natuur tegen hen in opstand komt, maar in de zin dat hij hen de hemelse waardigheid misgunt, waaruit hij zelf naar beneden was geworpen.[124] Hij, die zelf is veranderd, zint er namelijk op anderen te veranderen. Wanneer hij namelijk, zoals jullie in de langdradige Perzische mythe beschrijven, zichzelf *niet* laat veranderen en van zijn kant anderen verandert, is hij inderdaad de grootste en de overwinnaar. Wanneer hij nu, zoals jullie bevestigen, geen vijand is van het heilige licht, maar een vriend, en beter is dan degenen die hij misleidt, wie maakt hen dan vijanden van het heilige licht, waarvan hij zelf een vriend is?[125] Daarom zegt Mani natuurlijk dat de zielen tot eeuwige straffen veroordeeld zullen worden in die huiveringwekkende bolvormige massa[126] omdat 'zij zichzelf toelieten om af te dwalen van hun voormalige heldere natuur en dan tevoorschijn kwamen als vijanden van het licht'.[127] Tegelijkertijd beweert hij dat de geest zelf van het rijk van de duisternis, brandend van liefde om het licht bij zich te houden, de lichamen van de dieren geschapen heeft! Zorg er dus voor dat je jezelf redt van deze uiterst leugen-

[124] Over de duivel, cf. p. 76, noot 81.

[125] De manicheïsche duivel is een 'vriend' van het heilige licht in die betekenis dat hij het licht begeert en het licht in zich wil vasthouden. Cf. Augustinus, *de twee zielen*, 12, 16.

[126] Cf. Mani, *Brief 'Het fundament'*, fragment 8,3 (ed. Stein) – Over de bolvormige massa, cf. p. 64, noot 64.

[127] Cf. Mani, *Brief 'Het fundament'*, fragment 8,1 (ed. Stein).

achtige en heiligschennende verzinsels en je ten goede wordt veranderd met de hulp van degene die noch ten goede noch ten kwade veranderd is!

De spirituele Redder tegenover de geïncarneerde Christus

[25] Jij zegt: 'Wij zijn aan hem ontsnapt omdat wij een spirituele Redder hebben gevolgd. Want de hoogmoed van satan is zover gegaan dat, als onze Heer vleselijk zou zijn geweest, al onze hoop afgesneden zou zijn.'[128] Als jij dit zegt omdat jullie niet geloven dat Christus een lichaam had, dan moeten jullie geen hoop stellen op Mani: jullie geven toe dat hij geboren werd uit een man en een vrouw en dat hij een lichaam had, zoals andere menselijke wezens! Waarom stellen jullie dan zoveel hoop op hem? Want in jouw brief hier, toen je me probeerde bang te maken, heb je zelf geschreven: 'Wie zal dus jouw advocaat zijn voor het rechtvaardige tribunaal van de Rechter, wanneer men, vanuit je eigen getuigenis, zowel op basis van je woorden als op basis van je daden jouw schuld begint aan te tonen? De Pers die jij beschuldigd hebt, zal jou niet bijstaan. Als hij het niet is, wie zal jou dan troosten, wanneer je weent? Wie zal de Punische man redden?'[129] Jij hebt dus gezegd dat er geen redder of trooster kon zijn behalve Mani. Hoe kon jij dan zeggen, toen je het lijden van Christus besprak, dat jullie ontsnapt zijn omdat jullie een spirituele Redder hebben gevolgd – 'spiritueel' natuurlijk daarom, omdat hij niet als iemand die bestaat in het vlees, door de vijand gedood kon worden? Welnu, als jullie Mani door de vijand gedood werd doordat de vijand vlees in hem vond, zodat hij niet meer jullie redder kan zijn, hoe kan jij dan beweren: 'Als hij het niet is, wie zal jou dan troosten, wanneer je weent? Wie zal de Punische man redden?'[130]

128 Cf. Secundinus, *Brief*, 4.
129 Secundinus, *Brief*, 3.
130 Secundinus, *Brief*, 3.

Je ziet wat men aantreft in de ketterij *en in de onderrichtingen van de demonen die liegen in hun huichelarij.*[131] Jij wilt dat Mani de waarheid zegt over een Christus die bedriegt! Daarbij geldt: Als Christus bij het tonen van zijn vlees, dood, verrijzenis, en de plaatsen van de wonden en de nagels, die hij liet zien aan de twijfelende leerlingen,[132] dit alles deed als een misleiding en een leugen, dan sprak Mani de waarheid over Christus. Maar als Christus echt vlees toonde en derhalve een echte dood, een echte verrijzenis, en echte wonden liet zien, dan loog Mani over Christus. En daarom is er een verschil op dit punt tussen jou en mij: Jij hebt ervoor gekozen om te geloven dat Mani de waarheid sprak en Christus een bedrieger was, terwijl ik geloof dat Mani loog over Christus, zoals hij dat deed over andere dingen, eerder dan dat Christus loog over een of andere zaak. En dit geldt zoveel te meer voor datgene waarin hij de hoop van de gelovigen lokaliseerde, dat is, in zijn lijden en verrijzenis! Want iemand die beweert: 'Toen Christus na die veronderstelde dood van hem aan zijn leerlingen verscheen die in twijfel verkeerden en dachten dat ze een geest zagen,[133] toen hij zei, '*Raak me aan en kijk goed, want een geest heeft geen vlees en beenderen zoals jullie zien dat ik heb*',[134] en toen hij zei tot een van hen die weinig geloof had, '*Leg je vingers in mijn zij. Wees niet langer ongelovig, maar geloof*',[135] toonde hij hen dit alles niet als de waarheid, maar als een leugen' – iemand die dit beweert, zeg ik, predikt niet Christus maar valt hem aan! 'Maar,' zo zeg jij, 'Mani predikt toch Christus en zegt dat hij zijn apostel is.'[136] Daarom moeten we hem pas echt verafschuwen en van hem wegvluchten! Want als Mani deze dingen zou zeggen als beschuldigingen tegen Christus, dan kon hij zich tenminste opwerpen als een liefhebber van de waarheid terwijl hij andermans leugens zou verwerpen. Maar nu verraadt hij

131 1 Tim 4,1-2.
132 Cf. Joh 20,20.
133 Cf. Lc 24,37.
134 Lc 24,39.
135 Joh 20,27.
136 Cf. Mani, *Brief 'Het fundament'*, fragment 1,1 (ed. Stein).

zich in onwetendheid en nalatigheid en hij toont goed genoeg aan al wie zorgvuldig aandacht schenkt, wat hij in zijn schild voert en wat hij liefheeft wanneer hij een 'leugenaar' prijst en predikt.

Mijn vriend, vlucht dus weg van deze grote pest, om te voorkomen dat Mani erop zint om in zijn bedrog van jou een 'gelovige' te maken: een zodanige gelovige als Christus er, in de voorstelling van Mani, een maakte van de leerling tot wie hij zei: '*Leg je vingers in mijn zij. Wees niet langer ongelovig, maar geloof.*'[137] Dat is onmogelijk. Als volgt namelijk erkent de zoetste waarheid het: Wat anders heeft Christus tot zijn leerling gezegd, behalve: 'Raak aan wat ik draag; raak aan wat ik droeg; raak echt vlees aan; raak de littekens van echte wonden aan; raak de echte gaten aan veroorzaakt door de nagels, en wees, door het ware te geloven, niet ongelovig, maar geloof'? Als volgt echter miskent de goddeloze verbeelding van Mani het: Wat anders heeft Christus tot zijn leerling gezegd, behalve: 'Raak aan wat ik veins; raak aan wat ik huichel; raak vals vlees aan; raak de valse plaatsen van nepwonden aan; en wees niet ongelovig ten aanzien van mijn bedrieglijke ledematen zodat je een gelovige kunt zijn in het geloof aan het valse'? Van dien aard zijn de gelovigen die Mani heeft: ze hechten geloof aan iedere onderrichting van liegende demonen!

Tegen de manicheïsche interpretatie van 'het kleine aantal' en 'het smalle pad' (Mt 7,14)

[26,1] Verwerp deze ideeën! Ik smeek het je. Laat je niet misleiden door de uiterlijke schijn van een kleine aantal omdat de Heer zelf zei dat slechts weinig mensen het smalle pad volgen.[138] Jij wilt tot

[137] Joh 20,27.

[138] Cf. Mt 7,14; Cf. Secundinus, *Brief,* 1.3.5 – Slechts enkelen zijn in staat om tot kennis van de waarheid te komen, zo leert de antieke filosofie. Het manicheisme moet op Augustinus indruk gemaakt hebben omwille van de kennis (*gnosis*) die de sekte beloofde en omwille van de eisen die ze stelde aan de levenswandel van haar uitverkoren leden. Na zijn overstap naar de katholieke kerk beweert Augustinus dat het kleine aantal van de manicheeërs een bewijs is voor de ongegrondheid

de weinigen behoren – maar tot de allerslechtsten! Want het is waar dat weinig mensen volledig onschuldig zijn, maar onder de schuldigen zijn er minder moordenaars dan dieven, minder die incest plegen dan overspel. Zelfs de mythen of geschiedeniswerken van de ouden tellen minder Medea's[139] en Phaedra's[140] dan vrouwen die andere misdaden en schanddaden begingen, minder Orestessen[141] en Busirissen[142] dan mannen die schuldig zijn aan andere goddeloosheden en gruweldaden. Pas dus op dat de al te afschuwelijke goddeloosheid bij jullie niet soms de reden is voor jullie klein aantal! Zulke dingen worden daar inderdaad gelezen, gezegd en geloofd – zodat men verbaasd moet zijn dat er enkelen eerder dan weinigen in die dwaling lopen en daar blijven. Maar het aantal heiligen, die de smalle weg nemen, is klein in vergelijking

en absurditeit van hun leerstellingen. De manicheïsche uitverkorenen behoren weliswaar tot een minderheid, maar het is een minderheid van bedenkelijk allooi. Augustinus ziet evenwel in dat ook binnen de katholieke kerk slechts een minderheid het hoogste inzicht bereikt en een daarbij passend moreel leven leidt. Geleidelijk aan zal Augustinus het concept van 'de velen' positiever gaan invullen: het kleine aantal wijze mensen wordt verondersteld om 'de velen' tijdens hun geloofstocht te begeleiden naar de waarheid en naar een hoogstaand leven op moreel vlak. A. Hoffmann (2013), p. 87-106.

[139] Medea was de dochter van Koning Aietes van Kolchis. Nadat ze Jason geholpen had om het Gulden Vlies te bemachtigen, huwde ze met hem. Later, toen Jason haar verliet, omdat hij de voorkeur gaf aan Kreüsa, de koningsdochter van Korinthe, doodde Medea haar rivale en de twee kinderen die zij van Jason had. *Der Neue Pauly*, vol. 7, col. 1091-1093.

[140] Phaedra was de dochter van koning Minos en de tweede vrouw van Theseus. Ze werd ze verliefd op Hippolytus, haar stiefzoon. Hij weigerde echter op haar avances in te gaan. Daarom verhing Phaedra zich. Ze liet evenwel een briefje achter waarin ze Hippolytus ervan beschuldigde haar te hebben verkracht. Hippolytus kwam aan zijn einde doordat Theseus hem vervloekte. *Der Neue Pauly*, vol. 9, col. 716-717.

[141] Orestes vermoordde zijn eigen moeder Klytaemnestra en haar minnaar Aegisthus om de moord op zijn vader Agamemnon te wreken. *Der Neue Pauly*, vol. 9, col. 17-19.

[142] Volgens de Griekse mythologie was Busiris een Egyptische koning die vreemdelingen liet offeren aan de goden. Hij werd door Herakles gedood. *Der Neue Pauly*, vol. 2, col. 858.

met het groot aantal zondaars. Dit kleine aantal is verborgen in de veel grotere hoeveelheid kaf. Maar het is op de dorsvloer van de katholieke kerk dat het nu verzameld en gedorst moet worden, maar tenslotte zal het gewand en gezuiverd worden.[143] Hiernaar moet je je begeven als je oprecht een gelovige wilt zijn. Anders zul je, terwijl je het onware gelooft, de winden voeden,[144] zoals de schrift zegt. Dat wil zeggen: Je wordt voedsel voor de onzuivere geesten.

Tegen de manicheïsche interpretatie van Paulus die alles verachtte met de bedoeling om Christus te winnen (Fil 3,4-8)

De apostel Paulus, die jij aanhaalt,[145] beschouwde het Oude Testament en het gehele profetische arsenaal aan woorden en daden niet als verlies en afval, zoals de geleerden dat doen. Maar de apostel beschouwde de vleselijke superioriteit van het Joodse geslacht als verlies en afval, evenals hun ijver om de christenen te vervolgen ten voordele van de synagogen van het eigen volk – de synagogen die in dwaling verkeerden en Christus niet erkenden. In deze ijver was hij vroeger zelf ontvlamd alsof het iets prijzenswaardigs was. En tenslotte verachtte Paulus de gerechtigheid op grond van de wet. Hierop beroemen de Joden zich hoogmoedig omdat ze Gods genade erin niet erkenden. Dit alles verachtte hij met de bedoeling om Christus te winnen.[146] Hoeveel te meer moet jij dan die geschriften die boordevol staan met misdadige lasteringen, en waarin de natuur van de waarheid, de natuur van het hoogste goed, de natuur van God, beschreven staat als zo vele malen veranderlijk,

[143] Cf. Mt 3,12; Cf. Lc 3,17.

[144] Cf. Hos 12,2; Mogelijk had Augustinus (ook) een Latijnse vertaling van de Griekse Septuagint-versie van Spr 9,12a voor ogen. De vertaling van de Griekse tekst luidt: 'Wie steunt op leugens, die zal winden voeden'. Omdat het vers niet als dusdanig te vinden is in de Hebreeuwse grondtekst van Spreuken, staat het niet in de Nederlandse Bijbelvertalingen.

[145] Cf. Secundinus, *Brief*, 5.

[146] Cf. Fil 3, 5-8.

zo vele malen overwonnen, zo vele malen verdorven en als voor een deel onuitlegbaar bevuild, en als iets dat uiteindelijk voorbestemd is om door de waarheid veroordeeld te worden, niet alleen als vuil, maar als vergif verwerpen! Hoeveel te meer moet jij de strijdbijl neerleggen en naar de katholieke kerk en het geloof overstappen, dat op het gepaste tijdstip geopenbaard werd, zoals het zolang tevoren was voorspeld.

Laatste aansporing om zich te bekeren tot de onveranderlijke God

[26,2] Ik zeg dit aan jou om deze reden: omdat je geest noch de natuur van het kwade is, die helemaal niet bestaat, noch de natuur van God. Anders zou ik tevergeefs spreken tot iemand die niet kan veranderen. Maar omdat je geest zich *heeft veranderd* door God te verlaten en omdat precies haar verandering iets kwaads is, moet ze zich, in de terugkeer naar het onveranderlijke goed, veranderen – dit onveranderlijke goed zelf zal haar helpen – en haar verandering zal, zo is haar aard, de bevrijding van het kwaad zijn.

Als je deze waarschuwing afwijst en nog altijd gelooft dat er twee naturen zijn, enerzijds een veranderlijke natuur van het goede, die in haar vermenging met het kwade met onrechtvaardigheid kon instemmen, anderzijds een onveranderlijke natuur van het kwaad, die, zelfs in haar vermenging met het goede, *niet* kon instemmen met rechtvaardigheid, dan babbel je die nogal beruchte, schandelijke mythe na, die vervloekende en smadelijke godslasteringen zaait in het overspel van jeukende oren. En bijgevolg behoor je tot de schare van diegenen over wie voorspeld werd: *Er zal een tijd komen wanneer ze de heilzame leer niet meer zullen verdragen, maar naar hun eigen verlangens leraren om zich heen zullen verzamelen, die hun oren prikkelen, en ze zullen hun oren van de waarheid afkeren en zich naar verzinsels wenden.*[147]

[147] 2 Tim 4, 3-4. Dit citaat kon Augustinus soepel inzetten tegen de manicheeers, wanneer hij kritiek heeft op hun leerstellingen. In Augustinus, *Tegen Faustus*

Maar als je zo verstandig bent om deze waarschuwing te aanvaarden en je bekeert tot de onveranderlijke God, dan zul je op grond van de prijzenswaardige verandering tot diegenen behoren tot wie de apostel zegt: *eens waren jullie duisternis maar nu zijn jullie licht in de Heer.*[148] Dit kon men niet zeggen tot de natuur van God, omdat die nooit kwaad was en die naam 'duisternis' waardig, noch tot de natuur van het kwaad, die, als die bestond, zich nooit kon veranderen en 'licht' kon worden. Maar dit werd terecht en naar waarheid gezegd tot die natuur die niet onveranderlijk is, maar die duister werd, op zichzelf, omdat ze het onveranderlijke licht verliet, waardoor ze werd geschapen. Maar zodra ze zich naar dat licht heeft gedraaid, wordt ze licht – niet op zichzelf, maar 'in de Heer'. Ze licht namelijk niet uit zichzelf op omdat ze niet het 'ware licht' is, maar ze wordt 'verlicht' door hem over wie gezegd werd: *Hij was het ware licht, dat ieder mens verlicht en naar deze wereld kwam.*[149]

Geloof dit, begrijp dit, hou dit vast wanneer je goed wilt zijn door de deelname aan het onveranderbare goed, namelijk: dat wat je niet uit eigen vermogen kunt zijn; dat wat je niet zou kunnen verliezen, als je het op een onveranderlijke manier zou zijn; en dat wat je evenmin zou kunnen verkrijgen, als je het op een onveranderlijke manier niet zou zijn.

15,5 speelt net als hier de metafoor van het verlangen en 'overspel'. Augustinus bedoelt dat de manicheeërs zich laten verleiden tot ontrouw in de leer.

[148] Ef 5,8.

[149] Joh 1,9.

Nalezingen 2,10,37

Antwoord aan Secundinus, een manicheeër, Eén boek

Een zekere Secundinus, die niet behoorde tot diegenen die de manicheeërs 'uitverkorenen' noemen, maar tot de groep die ze 'toehoorders' noemen, een man die ik zelfs niet van ziens kende, schreef aan mij, zoals een vriend, op eervolle wijze. Tegelijkertijd wees hij mij terecht over het feit dat ik die sekte via mijn geschriften bestreed. Hij drong erop aan dat niet te doen en hij spoorde mij aan om die sekte eerder te volgen. Hij nam er de verdediging van op en bekritiseerde het katholieke geloof. Hem heb ik geantwoord, maar omdat ik aan het begin van datzelfde werkje niet gesteld heb wie aan wie schreef, wordt het niet gerekend tot mijn brieven, maar tot mijn boeken. Daarin staat aan het begin ook zijn brief opgeschreven. De titel van dit boek van mij is: *Antwoord aan Secundinus, een manicheeër*. Naar mijn mening verkies ik het moeiteloos boven alle boeken die ik tegen die pest heb kunnen schrijven.

Dit boek begint zo: 'De welwillendheid ten aanzien van mij, die blijkt uit jouw brief'.

Bibliografie

1. Bronnen

Latijnse tekstuitgaven van de correspondentie tussen Secundinus en Augustinus

Patrologia Latina, 42 (Paris: Migne, 1845), col. 571-602.

CSEL 25/2, ed. I. Zycha (Vindobonae: Tempsky, 1892) p. 891-947.

'Text und Übersetzung, Einzelkommentierung', ed. M. Kudella, in: *Augustinus: de natura boni – Die Natur des Guten; Augustinus: contra secundinum – Gegen secundinus einschliesslich epistula secundini*, Augustinus: Opera – Werke, ed. J. Brachtendorf und V. H. Drecoll, Band 22 (Paderborn: Ferdinand Schöningh, 2010), p. 219- 331.

Moderne vertalingen van de correspondentie tussen Secundinus en Augustinus, met of zonder Latijnse tekst

Frans

Six traités anti-manichéens, Bibliothèque Augustinienne. Les oeuvres de saint Augustin, 2e série: Dieu et son oeuvre 17 (Paris: D.D.B. Desclée de Brouwer, 1961), p. 509-633.

Engels

The Manichean Debate, The works of Saint Augustine: A translation for the 21st Century I/19 (New York NY: New City Press, 2006), p. 347-390.

'Letter of the Manichaean Secundinus to Augustine', in: I. Gardner and S.N.C. Lieu, *Manichaean Texts from the Roman Empire* (Cambridge: Cambridge University Press: 2004), p. 136-142.

Duits

De natura boni, Contra Secundinum; Die Natur des Guten, Gegen Secundinus, Augustinus Opera/ Werke: Augustinus Aurelius 22 (Paderborn/ München/ Wien/ Zürich: Ferdinand Schöningh, 2010), p. 161-365.

Spaans

P. De Luis, *Escritos Antimaniqueos (I°)*, Obras completas de San Agustin 30; Biblioteca de autores cristianos 487 (Madrid: Ed. catolica 1986), p. 541-617.

Italiaans

Sant'Agostino. *Vol. XIII/2: Polemica con i Manichei: Contro Adimanto. Contro l'Epistola del Fundamento di Mani. Disputa con Felice. Contro Secondino* (Roma: Città Nuova, 2000), p. 501-609.

Andere oude bronnen

Allberry, C.R.C. (ed.), *A Manichaean Psalm Book* , part II, with a contribution by Hugo Ibscher, Manichean manuscripts in the Chester Bealty Collection, vol. II (Stuttgart: Kohlhammer, 1938)

LLT: Library of Latin texts Series A (Turnhout: Brepolis, s.d.) www.brepolis.net (betalende databank)

Stein, M. (ed.), *Manichaeica latina. 2: Manichaei epistula fundamenti,* Text, Übersetzung und Erläuterungen von Markus Stein, Papyrologica Coloniensia 27,2 (Paderborn: Schöningh, 2002)

Wurst, G. (ed.), *Psalm book. 2/1: Die Bema-Psalmen*, Corpus fontium Manichaeorum. Series coptica 1; Liber psalmorum Pars II, Fasc. 1 (Turnhout: Brepols, 1996).

2. Encyclopedieën

Der Neue Pauly: *Enzyklopädie der Antike*, ed. H. Cancik en H. Schneider (Stuttgart: Metzler, 1996-2003).

Fitzgerald, A.D. (ed.), *Augustine through the Ages: An Encyclopedia* (W.B. Eerdmans: MI Grand Rapids, 1999).

3. Achtergrondliteratuur

Bardy, G., 'Sécundinus, manichéen de Rome au début de Ve siècle', in: *Dictionnaire de Théologie catholique* 14 (1941), col. 1764.

Bennett, B.,'Globus horribilis: the role of the bolos in Manichaean eschatology and its polemical transformation in Augustine's anti-Manichaean writings', in: M. Scopello, A. Kotzée, J.A. van den Berg, T. Nickla (eds.), *In search of Truth': Augustine, Manichaeism and other Gnosticism*, Nag Hammadi and Manichaean studies 74 (Leiden/Boston: Brill, 2011), p. 427-440.

Coyle, J.K., 'Secundinum, Manicheum, Contra', in: A. D. Fitzgerald (ed.), *Augustine through the Ages* (Grand Rapids MI / Cambridge: William B. Eerdmans, 1999), p. 759-760.

Coyle, J.K., 'Het manicheïsme van Augustinus', in: T.J. van Bavel en B. Bruning (eds.), *Sint-Augustinus* (Brussel: Mercatorfonds, 2007), p. 181-192.

Courcelle, P., *Recherches sur les confessions de saint Augustin* (Paris: de Boccard, 1950).

Courcelle, P., 'Les lacunes de la correspondance entre saint Augustin et Paulin de Nole', in: *Revue des études augustiniennes* 53 (1951), p. 253-300.

Decret, F., *L'Afrique manichéenne (IVe-Ve siècles): Étude historique et doctrinale*, 2 vol. (Paris: Études augustiniennes, 1978).

Decret, F., 'L'utilisation des Épitres de Paul chez les Manichéens d'Afrique', in: F. Decret, *Essais sur l'Église manichéenne en Afrique du Nord et à Rome au temps de saint Augustin*, Studia ephemeridis Augustinianum 47 (Roma: Institutum Patristicum Augustinianum, 1995), p. 55-106.

Drecol, V.H. en M. Kudella, *Augustin und der Manichäismus* (Tübingen: Mohr Siebeck, 2011).

Fruytier, J., 'Gods licht in het kwaad. Aug. conf. II, 6,13', in: *Bijdragen* 17 (1956), p. 270-279.

Galot, J., *Être né de Dieu: Jean 1,13*, Analecta Biblica 37 (Rome: Institut Biblique Pontificial, 1969), p. 76-79.

Gardner I. en S.N.C. Lieu (eds.), *Manichaean Texts from the Roman Empire* (Cambridge: Cambridge University Press, 2004).

Giuffré Scibona, C., 'The doctrine of the soul in manichaeism', in: M. Scopello, A. Kotzée, J.A. van den Berg, T. Nickla (eds.), *In search of Truth': Augustine, Manichaeism and other Gnosticism*, Nag Hammadi and Manichaean studies 74 (Leiden/Boston: Brill, 2011), p. 377-418.

Hoffmann, A., 'Secundinus, Manichäer', in: W. Geerlings, S. Doepp (eds.), *Lexicon der antiken christlichen Literatur* (Freiburg: Herder, 1999^{2}), p. 627-628.

Hoffmann, A., 'Secundinus in der Diskussion mit Augustinus über das *Malum*: Beobachtungen zu den augustinischen Quellen der Epistula Secundini', in: M. Scopello, A. Kotzeé, J.A. van den Berg, T. Nickla (eds.), *In Search of Truth: Augustine, Manichaeism and other gnosticism. Studies for Johannes van Oort at sixty* (Leiden/Boston: Brill, 2011), p. 481-517.

Hoffmann, A., 'The few and the many: a motif of Augustine's controversy with the Manichaeans', in: J. van Oort (ed.), *Augustine and Manichaean Christianity: Selected Pepers from the First South African Conference on Augustine of Hio, University of Pretoria, 24-26 April 2012*, Nag Hammadi and Manichaean Studies 83 (Leiden/Boston: Brill, 2013), p. 87-106.

Jolivet, R. en M. Jourjon, 'Notes complementaires', in: *Six traités anti-manichéens, Saint Augustin d'Hippone*, Bibliothèque Augustinienne. Les oeuvres de saint Augustin, 2e série: Dieu et son oeuvre 17 (Paris: D.D.B. Desclée de Brouwer, 1961), p. 761-789.

Kudella, M., 'Epistula Secundini (Der brief des Secundinus) & Augustinus: Contra Secundinus (Gegen Secundinus): Einleiding revidierter lateinischer Text, Übersetzung und Kommentierung', in: *Augustinus: de natura boni – Dei natur des Guten; Augustinus: contra secundinum – Gegen secundinus einschliesslich epistula secundini*, Augustinus: Opera – Werke, ed. J. Brachtendorf und V. H. Drecoll, Band 22 (Paderborn: Ferdinand Scöningh, 2010), p. 219- 331.

Merkelbach, R., 'Zum Text der antimanichäischen Schriften Augustins', in: A. van Tongerloo & S. Giversen (eds.) *Manichaica Selecta*, Studies presented to Professor Julien Ries on the occasion of his seventieth birthday (Turnhout: Brepols: 1991), p. 233-241.

Monceau, P., 'Chronologie des oeuvres de saint Augustin', in: *Comptes rendus de l'Académie des Inscriptions et des Belles-Lettres* 52 (1908,1), p. 51-53.

Peters, C., *Das Diatessaron Tatians: Seine Überlieferung und sein Nachwirken im Morgen- und Abendland sowie der heutige Stand seiner Erforschung*, OCA 123 (Roma: Pont. institutum orientalium studiorum, 1939).

Sfameni Gasparro, G., 'introduzione', in: Sant'Agostino. *Polemica con i Manichei: Contro Adimanto. Contro l'Epistola del Fundamento di Mani. Disputa con Felice. Contro Secondino*, Testo latino dell'edizione maurina confrontato con il Corpus Scriptorum Ecclesiasticorum Latinorum, Introduzione generale, introduzione particolari e note illustrative di G. Sfameni Gasparro, Traduzioni di C. Magazzù, A. Cosentino (Roma: Città Nuova, 2000), p. 503-528.

Sfameni Gasparro, G., 'Au coeur du dualisme manichéen: la polémique augustinienne contre la notion de 'mutabilité' de Dieu dans le Contra Secundinum', J. van Oort, O. Wermelinger en G. Wurst (eds.), *Augustine and Manichaeism in the Latin West* (Leiden: Brill, 2001), p. 230-242.

Smagina, E., 'Das Manichäische Kreuz des Lichts under der Jesus Patibilis', in: J. van Oort, O. Wermelinger en G. Wurst (eds.), *Augustine and Manichaeism in the Latin West* (Leiden: Brill, 2001), p. 243-249.

Stroux, J., 'Augustinus und Ciceros Hortensius nach dem Zeugnis des Manichäers Secundinus', in: E. Fraenkel, H.F. Fränkel (eds.), *Festschrift Richard Reitzenstein...* (Leipzig-Berlin: B.G. Teubner, 1931), p. 106-118.

van Oort, J., 'Secundini Manichaei Epistula: Roman Manichaean Biblical Argument in the Age of Augustine', in: J. van Oort, O. Wermelinger en G. Wurst (eds.), *Augustine and Manichaeism in the Latin West* (Leiden: Brill, 2001), p. 161-173.

van Oort, H. [= J.], 'Augustine and Manichaeism: new discoveries, new perspectives', in: *Verbum et Ecclesia* 27 (2006,2), p. 709-728.

van Oort, J., '"Quam intime medullae animi mei suspirabant tibi": De spiritualiteit van Augustinus' "verborgen jaren" tot aan de bekering in 386', in: *Studia Historiae Ecclesiasticae: Journal of the Church History Society in Southern Africa* 33 (2007), p. 221-250.

van Oort, J. (ed.), *Augustine and Manichaean Christianity*, Selected papers from the First South African Conference on Augustine of Hippo, University of Pretoria, 24-26 April 2012, Nag Hammadi and Manichaean Studies 83 (Leiden / Boston: Brill 2013).

Waldheer, G., 'Punica fides: Das Bild der Karthager in Rom', in: *Gymnasium* 107/3 (2000), p. 193-222.

Index van Bijbelteksten

In deze index van Bijbelteksten zijn de verwijzingen naar letterlijke aanhalingen cursief gezet. De zinspelingen op een Bijbeltekst staan in rechtopstaand schrift. De cijfers achter de Bijbelverzen verwijzen naar de paragrafen uit de Brief van Secundinus of het Antwoord aan Secundinus.

Antwoord aan Secundinus

Algemeen register

Dit register is gebaseerd op de algemene index van *The Works of Saint Augustine: A Translation for the 21st Century*. De trefwoorden uit de 'Brief van Secundinus' en het 'Antwoord aan Secundinus' zijn apart gecatalogiseerd. Gezien de beknoptheid van de *Nalezingen* die betrekking hebben op dit werk is hiervan geen apart register opgemaakt. Het cijfer achter het trefwoord verwijst naar de paragraaf in de tekst.

Brief van Secundinus

Antwoord aan Secundinus

PRINTED ON PERMANENT PAPER • IMPRIME SUR PAPIER PERMANENT • GEDRUKT OP DUURZAAM PAPIER - ISO 9706

N.V. PEETERS S.A., WAROTSTRAAT 50, B-3020 HERENT